SOCIÉTÉ HISTORIQUE DE COMPIÈGNE

L'ALIMENTATION A COMPIÈGNE

LES PATISSIERS

Par M. A. Bazin

LES BOUCHERS

Par MM. A. Bazin & E. Mauprivez

Membres de la Société Historique de Compiègne.

COMPIÈGNE

IMPRIMERIE A. MENNECIER

17, RUE PIERRE-SAUVAGE, 17

1897

L'ALIMENTATION A COMPIÈGNE

———

LES PATISSIERS ET LES BOUCHERS

SOCIÉTÉ HISTORIQUE DE COMPIÈGNE

L'ALIMENTATION A COMPIÈGNE

LES PATISSIERS

Par M. A. Bazin

LES BOUCHERS

Par MM. A. Bazin & E. Mauprivez

Membres de la Société Historique de Compiègne.

COMPIÈGNE

IMPRIMERIE A. MENNECIER

17, RUE PIERRE-SAUVAGE, 17

1897

LA HALLE A LA VIANDE, A COMPIÈGNE.

(Ancien Grenier à Sel.)

LES PATISSIERS

DE COMPIÈGNE

PREMIÈRE PARTIE

C'est une très intéressante Corporation que celle des pâtissiers, et avant d'arriver à ce degré de perfection qu'elle a atteint aujourd'hui, elle a passé, comme la plupart des corps de métiers, par bien des étapes, suivant pas à pas les progrès de la civilisation et du bien-être. Du temps des croisades, elle était presque inconnue et, à part les oublies, sorte de pâtisserie dans le genre des gaufres, mais beaucoup plus mince et roulée en cornets, on ne confectionnait aucun gâteau. Les pâtissiers s'appelaient alors oublieurs. Les rois, les princes et les châtelains avaient leur oublieur, comme ils avaient leur maître-queux ou maître d'hôtel, et, à la fin du repas, ils savouraient des oublies, pendant que les ménestrels les égayaient par leurs chants. Jean de Compiègne était oublieur de Monseigneur d'Artois, en 1302, et Jeanne, sa femme, reçut, de la comtesse Mahaud, des rentes, pour services rendus par son mari au comte

d'Artois. Philippe le Bon, duc de Bourgogne, avait aussi
le sien, Jean Dardenne, qu'il avait emmené au camp devant
Compiègne, pendant le siège de cette ville, au mois de
mai 1430, et quelques jours avant la prise de Jeanne d'Arc,
il régalait ses compagnons d'armes d'oublies arrosées
d'hypocras.

Au commencement du quinzième siècle, la pâtisserie fit
peu de progrès, le pays étant toujours en guerre à cause
de la rivalité des ducs d'Orléans et de Bourgogne et des
tentatives continuelles des rois d'Angleterre sur le royaume
de France. Cependant le nom de l'oublieur[1] disparut et
fut remplacé par celui de pâtissier : les gâteaux, les pâtés,
les tartes et autres pièces de four devinrent la partie la
plus importante de son commerce et les oublies un simple
accessoire.

En 1423, Pierre Saint était boulanger en même temps
que pâtissier. Douze gâtelets et douze goyères ou tourtes
au fromage, provenant de sa fabrication[2], furent jugés
dignes d'être présentés à Mʳᵉ Simon de Champluisant,
président au Parlement, lorsqu'il vint à Compiègne, le
29 octobre de la même année. Pierre Saint était aussi
renommé pour l'excellente préparation des tripes et ce fut
lui qui fournit quatre plats de *tripaux*, savoir : deux pour
le grand dîner offert au mois de juin 1429, dans l'hôtel
de Jehan Demy, à Mʳᵉ Jehan de Luxembourg, et les deux
autres pour être présentés à Raoul de Hallus, capitaine
de Compiègne[3].

Les pâtissiers avaient en outre la spécialité de la vente

[1] Les oublieurs fabriquaient aussi des corniaux ou des oublies roulées
en forme de cornets et que l'on distribuait dans certaines églises aux
chanoines, les jours de grandes fêtes.

[2] Payés 16 sols parisis. *La Prise de Jeanne d'Arc*, par M. Alexandre
Sorel.

[3] Payés 6 sols 3 deniers parisis. *La Prise de Jeanne d'Arc*, par
M. Alexandre Sorel.

de la volaille et du gibier. Au mois de juillet suivant, Jehan Demy, ayant eu à servir en son hôtellerie un dîner auquel fut encore convié Mre Jehan de Luxembourg, acheta, chez le pâtissier Honoré le Paintre, quatre poulets pour être servis sur la table[1].

Le 9 septembre 1431, nouveau dîner dans l'hôtel de Jehan Demy, offert par les Gouverneurs Attournés, qui tinrent compagnie à Guillaume de Flavy, capitaine de Compiègne, « pour lui souhaiter la bienvenue lors de son retour de l'armée où il était allé avec Monseigneur le Maréchal. » L'hôtelier servit aux convives quatre perdrix, deux poules faisanes et huit gâtelets provenant de chez le pâtissier Jehan Sanitte[2].

Le 1er avril 1453, les gouverneurs Jehan Lemaire, Pierre Bultel et Valéran le Féron offrirent, en l'hôtellerie de Guillaume Hersent, à dîner et à souper au frère Guillaume Truffault, religieux de l'église de Poissy et procureur des religieuses de ce pays, ainsi qu'à Simon Rose, tavernier, Pierre Crin et autres. Ce fut, cette fois, Honoré le Paintre qui fournit les viandes et les pâtisseries, moyennant 27 sols parisis[3]. Et cependant la peste sévissait avec intensité puisque, le 15 juin suivant, une procession partant de Compiègne traversa le pont de Choisy pour aller en pèlerinage à l'abbaye de Saint-Étienne implorer la Providence afin de faire cesser le fléau[4].

[1] Achetés 12 deniers parisis. *La Prise de Jeanne d'Arc*, par M. Alexandre Sorel.

[2] Achetées les perdrix 8 sols parisis, les poules faisanes 4 sols 8 deniers parisis ; 8 deniers la pièce les gâtelets. *La Prise de Jeanne d'Arc*, par M. Alexandre Sorel.

[3] Archives de Compiègne, CC. 19, f° 289.

[4] Depuis le 15 juillet 1453, plusieurs notables processions furent faites à Notre-Dame de Bouquy, à Saint-Sauveur, à Choisy, à la Croix-du-Saint-Signe, à Royallieu, pour prier Dieu de l'apaisement de la douloureuse pestilence d'épidémie courant à Compiègne.

Honoré le Peintre, non content d'être un pâtissier émérite, tenait, en 1456, la ferme du tonlieu du poisson de mer, de la pelleterie et de la friperie.

À cette époque, on connaissait déjà les beignets au sucre et au citron, que s'entendaient merveilleusement à préparer les religieuses Augustines de Paris.

Sous Louis XI, on commençait à vendre des confitures sèches, des massepains, des compotes de marrons à l'eau de rose, des dragées de Saint-Roch, faites avec des grains de genièvre, pour purifier l'haleine ; on fabriquait des passerilles ou supplications [1], du cotignac musqué, des pignolats faits avec de l'amande de pin et des avelines confites dans le miel. Au seizième siècle, la pâtisserie fit de grands progrès et l'usage s'en généralisa. Aux repas, on mangeait beaucoup de viandes, de pâtisseries et d'épices ; les pâtés surtout étaient en grand honneur, et l'on servait les confitures sèches, ainsi que les massepains, avec tant de prodigalité que les convives étaient obligés de s'en débarrasser en les donnant aux pages et aux laquais des maisons où ils étaient invités à dîner. Les dames et demoiselles raffolaient de ces friandises qui furent d'une grande ressource pour les Gouverneurs Attournés, jusqu'ici très embarrassés dans le choix des présents à offrir aux reines, princesses et dames de haute qualité venant dans la ville.

Dès lors, les pâtisseries vont jouer un rôle dans l'histoire de Compiègne ; elles figureront à la plupart des entrées royales, des réceptions officielles et des réjouissances publiques ; elles serviront à fêter les succès du Gouverneur de la ville, le Maréchal d'Humières, et deviendront un appétissant moyen de séduction auprès des hauts fonctionnaires pour obtenir une faveur quelconque. L'Hôtel de Ville gaspillera les finances communales en de continuels

---

[1] Espèce d'oublie qui amuse les convives lorsqu'ils n'ont plus faim et qu'ils ne restent à table que pour deviser et pour boire.

achats de pièces de four, sous le moindre prétexte, et deviendra le meilleur client des pâtissiers.

En 1512, les gouverneurs attournés firent don de 24 sols à un charpentier et à ses « compaignons en levant le faite du comble de l'Hostel de Ville, comprins les oublyes qu'il fallut gecter et donner aux petits enfants, afin d'en être mémoratif. »

En 1595, ils offrirent des confitures et des vins au Roi passant par la ville.

En 1598, ils firent cadeau de deux pains de sucre à Mr d'Attichy et gratifièrent la princesse de Condé de boites de confitures.

Le 29 mars 1624, la reine Marie de Médicis, accompagnée de son fils, le roi Louis XIII, vint à Compiègne, pour y faire un séjour dans le château où, sept ans plus tard, elle devait être prisonnière, et reçut, à son arrivée, huit grandes boites de sapin, contenant six livres de belles dragées assorties [1] et dix livres de vrai cannelat de Ceylan. C'était Me Réné Sergent, apothicaire, demeurant sur le Change, qui avait fourni toutes ces sucreries, alors désignées sous le nom d'épices. Les pâtissiers en vendaient aussi, mais aucun ne réussissait aussi bien que ce dernier les dragées et les confitures de toute espèce, tant sèches que liquides : aucun ne savait fabriquer comme lui le cannelat de Ceylan, cette dragée si difficile à faire et exigeant non seulement beaucoup de soins, mais une très grande habitude.

Il n'avait pas non plus son pareil pour la préparation de l'hypocras, ce vin épicé auquel il savait habilement mélanger la noix muscade, la cannelle, le raisin sec et les clous de girofle ou de gingembre. C'est pourquoi, le 27 août suivant, Madame la Vicomtesse de Brigueil, femme du

---

[1] 6 livres de dragées.... 6 livres ; 10 livres de cannelat de Ceylan.... 4 livres ; plus huit grandes boites de sapin pour renfermer le tout.... 40 sols.

gouverneur, étant entrée dans la ville, le présent habituel consistant en dix pots d'hypocras blanc, dix pots de clairet, plus dix livres de dragées, sortit encore de l'officine du célèbre apothicaire [1].

Le 15 avril 1625, nouvelle visite de la vicomtesse de Brigueil. Cette fois Réné Sergent s'était distingué et le cadeau n'était pas banal. Il y avait bien, comme à l'ordinaire, dix livres de confitures sèches, ordinairement payées 4 livres, une livre de vrai cannelat de Ceylan valant 40 sols, une livre d'amandes à 20 sols, deux pots d'hypocras blanc et autant de clairet au prix total de 6 livres, mais ce qui était plus rare, une livre d'écorce de citron choisi, cotée 45 sols et, chose exceptionnelle, une livre de confitures de prunes nonettes portée sur la note au prix exorbitant de 3 livres 4 sols [2].

Le 4 juin suivant, lorsque la sœur du roi Louis XIII,

[1] 10 pots d'hypocras blanc et autant de clairet à 20 sols le pot (le vin a été livré)... 4 livres, plus une boîte de sapin... 3 sols, plus dix livres de dragées... 10 livres.

[2] Plus 6 boîtes de sapin pour mettre le tout .. 18 sols, plus 4 bouteilles pour mettre l'hypocras... 12 sols.

Cannelat. — Pour faire cette dragée on prend deux onces de cannelle de Ceylan que l'on coupe en morceaux de dix à douze lignes de long, on la fait tremper trois ou quatre heures, après quoi on la coupe en filets jusqu'à ce qu'on en ait une livre et demie ; ainsi préparée on la met à l'étuve ; quand elle est sèche, on la met dans la bassine branlante sur un feu très doux, on charge avec un petit balai d'osiers que l'on tient dans la main gauche et que l'on trempe dans le sucre clarifié et cuit au grand lissé. On fait doucement sauter le cannelat avec la droite, on réitère dix à douze charges en ayant soin de bien sécher à chaque charge ; on continue cette opération deux ou trois fois par jour jusqu'à ce qu'il soit blanc et présente assez de consistance pour être chargé à la cuillerée ; alors on lui donne de dix à douze charges avec du sucre clarifié et cuit au perlé, ensuite on le blanchit par le même procédé que celui usité pour les dragées; quand il est bien blanc on le perle avec un ou deux bassins de beau sucre clarifié et cuit au perlé. Cette dragée exige beaucoup de soins et une grande habitude du maniement de la bassine.

Henriette de France, traversa Compiègne pour aller à Londres trouver Charles Ier, son nouvel époux, Réné Sergent, fournit encore le présent officiel à la reine de la Grande-Bretagne, c'est-à-dire trois douzaines de boîtes de confitures sèches de plusieurs sortes, trois douzaines de bouteilles d'hypocras tant blanc que clairet et deux douzaines de bouteilles de vin. Anne d'Autriche reçut deux douzaines de boîtes de confitures sèches, deux douzaines de bouteilles d'hypocras blanc et clairet et autant de vin ; le même présent fut fait à la reine-mère, Marie de Médicis.

L'immixtion des apothicaires et l'abstention complète de la part des pâtissiers dans les réceptions solennelles jetait de la défaveur sur la corporation. Cependant, jamais celle-ci ne s'était abritée aussi nombreuse sous les plis de la bannière de Saint-Michel, son patron, qui avait sa chapelle spéciale et son chapelain dans l'église Saint-Antoine [1]. On comptait en effet en 1627, vingt-et-un pâtissiers dont les principaux étaient Christophe Barat, Philibert Bontemps, Jehan Grandhomme le jeune, François de Rocquencourt, Pierre Bontemps et Hannibal, le Maire [2].

Pierre Bontemps, marié à la femme de Jacques le Febvre, tenait à cette époque, l'*Hôtel de la Belle-Dame* sur le Change, près l'*Hôtel du Cygne.* Cette maison [3], occupée en 1450 par Mahieu Louchart, avait tellement souffert du

[1] En 1594, Jehan Brugniart était receveur de la chapelle de Saint-Michel en l'église Saint-Antoine. Il était dû par chacun an au chapelain de cette chapelle, pour droits de minage et de mesurage de la ville, dix-huit mines d'avoine. En outre, il était encore dû, par chacun an, six chapons appréciés en 1645 huit sols parisis chacun, ce qui faisait 9 livres 12 sols.

[2] Christophe Barat demeurait tour de la Chaîne ; Philibert Bontemps, tour Saint-Martin ; Jehan Grandhomme, tour de la ville ; François de Rocquencourt, tour du Temple ; et Hannibal, le Maire, tour Saint-Corneille.

[3] Elle payait à la ville, à la Saint-Remy, en 1456, 11 sols 6 deniers de surcens.

siège qu'on avait été obligé de la reconstruire tout à neuf.
En 1456, elle était habitée par Pierre Trolan et payait à la
ville tous les ans, à la Saint-Remy, 11 sols 6 deniers de
surcens. Pierre Bontemps, comme la plupart de ses
confrères, vendait des oublies à la fin de la journée.
L'hiver, à partir de la fête de Saint-Michel, vers huit heures
du soir, après le couvre-feu, on voyait ces marchands
sortir de leurs officines, une lanterne allumée à la main,
portant sur l'épaule un corbillon, sorte de longue boîte en
fer-blanc contenant plusieurs paquets de cinq oublies. Ils
parcouraient les rues de la ville annonçant leur marchandise
en criant :

> Chaudes oublies, renforcier,
> Galettes chaudes, eschaudez, etc.

Sur le couvercle de leur corbillon était fixé un « tourne-
vire », aiguille tournante en fer ou en bois indiquant par
son arrêt sur tel chiffre ou telle couleur placée sur ledit
couvercle le résultat du coup que l'amateur avait joué.
On les vendait par cinq, c'est ce qu'on appelait une main
d'oublies, deux mains coûtaient un sol.

L'*Hôtel du Corbillon*, sis sur le marché aux fruits et
habité par Jehan Duval, en 1430, devait son enseigne à ce
que très probablement ce dernier était oublieur. Il est vrai
qu'en 1634 il était occupé par Jacob Lion, apothicaire.

En 1629, la peste sévissant à Compiègne, le commerce
de la pâtisserie s'en ressentit : il était défendu d'en manger
pour se préserver de l'épidémie. Ces prescriptions accom-
pagnées d'autres recommandations, avaient été insérées
dans un règlement, dont Auguste Charpentier, clerc, avait
fait plusieurs copies scellées aux armes de la ville avec un
cachet d'argent tout récemment fabriqué par l'orfèvre François de Buquier, copies qui avaient été affichées dans tous
les quartiers. Ensuite le blé n'était pas bon marché et,
lorsque le 12 décembre 1629, Jean Haniet, meunier à la

Porte-de-Chapelle, paya à la ville sa redevance annuelle de douze mines de blé, ce dernier fut apprécié à 30 sols la mine, ce qui revint en tout à 18 livres tournois [1].

La peste n'empêcha pas Madame de Humières de venir, au mois de mars 1630, pour assister à un sermon de Carême. Pendant que son carrosse allait se remiser et ses chevaux se faire héberger aux frais du budget communal chez Nicolas Lévesque, à l'*Hôtellerie de la Bouteille*, elle descendit à l'Hôtel de Ville où l'attendait une superbe collation préparée dans la grande salle. Excessivement friande de pâtisseries, elle se régala de flans, de tartes, futilités et autres pièces de four, elle fit honneur à l'hypocras ainsi qu'aux fruits et savoura les sucreries, les confitures liquides tant de groseilles, cerises, qu'autres sortes. Cette gracieuseté des gouverneurs attournés coûtait au budget de la ville la somme de 45 livres 6 sols, qui fut versée à Adrien Amelin, maître de l'*Hôtellerie du Perroquet*, le plus habile pâtissier de la cité. C'était lui qui avait composé et fourni le menu de cette collation et s'était chargé de procurer le linge nécessaire aux valets et servants. Désormais Adrien Amelin va remplacer définitivement l'apothicaire René Sergent dans la fabrication des épices ainsi que de l'hypocras et devenir le fournisseur attitré de l'Hôtel de Ville. Ses descendants conserveront le culte des fourneaux et de père en fils continueront le métier de la famille. Ce fut chez Adrien Amelin que furent achetés, moyennant 6 livres 10 sols, un brochet et deux carpes présentés au révérend père François Durand, prieur du couvent des Jacobins de la ville et prédicateur stationnaire de l'Avent et du Carême dernier [2].

[1] Archives de Compiègne FF.

[2] Donné 40 sols à un homme envoyé exprès à Soissons vers Mgr l'Evêque, pour le supplier de laisser la fête de l'Annonciation de la Vierge au lundi premier jour de la semaine sainte 1630, ainsi qu'elle échéoit, sans la transférer au samedi, veille des rameaux, jour de la foire de la Mi-Carême.

Le 27 mai suivant, le vicomte de Brigueil[1] arrivait à
Compiègne, venant de Paris, car trois jours auparavant,
les attournés avaient envoyé exprès à cheval un garçon des
relais en cette ville pour l'aviser du passage de quelques
cavaliers qu'on disait venir de Dannemarie. On lui offrit du
gibier et du vin fourni par le maître de l'*Hôtel du Perroquet*.
La présence du vicomte était nécessitée par l'adjudication de
deux brèches de maçonnerie survenues aux remparts de la
ville, l'une entre le châtel du Roi et la première tour de la
Porte-de-Chapelle et l'autre proche l'église des Pères Jacobins. Laurent Camay, maître maçon, fut déclaré adjudicataire de ces deux brèches ainsi que des travaux à effectuer
à l'égout de la rue des Chevaux qui passe aux travers du
rempart, au prix de 6,117 livres 15 sols.

En décembre 1630, le corps de ville s'en fut à Monchy saluer Monsieur de Humières et son épouse, ledit seigneur
étant nouvellement revenu d'Italie, et lui présenter plusieurs
douzaines de bouteilles de vin sortant des caves d'Adrien
Amelin. Ce dernier fournit le vin et le gibier pour le dîner
offert à l'abbaye de Saint-Corneille au sieur de Humières,
lors de son arrivée dans la ville quelques jours après[2]. Chez
lui encore fut achetée une douzaine et demie de boîtes de
confitures sèches qui fut présentée à l'abbesse de Saint-Jean-
aux-Bois, sœur de M. le garde des sceaux, « icelle étant à
Compiègne au mois d'octobre 1631, en volonté d'y transférer
la dite abbaye. »

La peste n'avait pas encore disparu de la ville, puisqu'au
mois de novembre 1631, il avait été baillé 4 livres à un
homme envoyé par les pères Capucins vers leur Provincial
à Paris, afin de retenir et nommer un religieux pour assister
les pestiférés au cas que la contagion augmentasse. Mais

---

[1] 4 livres, 10 sols pour frais de voyage fait à Monchy, le 14 avril
dernier 1630, où la ville fut voir en corps le vicomte de Brigueil.

[2] Baillé 22 livres 15 sols. Archives de Compiègne F. F.

toutes ces difficultés n'empêchèrent pas les attournés d'envoyer, par l'entremise du messager Gabriel Journel, un énorme pâté de lièvre à M. Censier, greffier de MM. les Trésoriers de France « afin d'avoir advis quand ils procéderaient au département des tailles. » Ce pâté avait été acheté 4 livres 10 sols par Emmanuel de Billy, gouverneur, pour le compte de la ville, chez Adrien Amelin, cuisinier émérite autant qu'excellent pâtissier. Celui-ci aurait pu rivaliser de savoir avec M^{re} le Bossut, écuyer de la Motte, maître d'hôtel de monseigneur d'Humières ; il connaissait à fond la sauce cameline, le saupiquet, le mostechan, la dodine, la sauce à Madame Rapée et l'eau bénite particulière au brochet, faite avec la laite et les œufs de ce poisson. Aussi, à partir de ce moment, sauf quelques exceptions comme en 1632, où Antoine Lecaron, notaire, offrit pour 20 sols de vin au Président Maupeou se trouvant alors à Gournay, il fut de bon ton de gratifier les grands personnages de pâtés de lièvre.

En 1636, Jean Charpentier, mari de Louise Moreaulx [1], était pâtissier en même temps que maître de l'*Hôtellerie du Lion-d'Argent*, mais l'Hôtel de Ville ne lui faisait aucune commande. On allait plus volontiers chez Christophe Barat qui livra, moyennant 18 livres tournois, trois pâtés de venaison présentés au mois de novembre de la dite année à Mre Fontenay, trésorier de l'Épargne, et à M. Censier, greffier du bureau de MM. les Trésoriers de France. On s'adressait aussi quelquefois à Philibert Bontemps qui, à la date du 12 novembre 1637, fut payé d'une somme de 31 livres tournois pour avoir livré trois pâtés de venaison expédiés à Paris par les gouverneurs attournés à destination de MM. Fontenay et Fournier, trésoriers de France, et au sieur Lefebvre, commis de l'emprunt. Ces pâtés avaient subi une augmentation de prix assez sensible et avaient

1. Archives de Compiègne, CC. 359.

été payés presque le double de ceux achetés un an auparavant, à cause de la peste qui ravageait de nouveau la ville
et qui faisait subir aux autres denrées une élévation de
prix proportionnelle.

Mais le pâtissier préféré était toujours Adrien Amelin :
il réapparait en 1639 et figure de nouveau sur les comptes
pour une livraison de gibier, biscuits et macarons offerts
à plusieurs seigneurs et dames passant par Compiègne. Au
mois de novembre 1640, la maréchale de Châtillon, traver-
sant la ville, ce fut encore lui qui fournit le cadeau de
bienvenue, c'est-à-dire six tartes d'amandes et une douzaine
de grands biscuits.

C'était la dernière commande officielle faite à Adrien
Amelin qui, dès lors, disparut de la Corporation des
pâtissiers et fut remplacé dans son métier et dans son
Hôtellerie du Perroquet par son fils Pierre Amelin. Deux
autres maîtres pâtissiers revinrent sur la scène, luttant à
qui l'emportera sur l'autre et se disputant les faveurs de
l'Hôtel de Ville.

Les pères Capucins du couvent de la ville s'étaient
distingués pendant les pestes des années 1629 et 1636,
par l'assistance spirituelle qu'ils n'avaient cessé de donner
aux habitants atteints du fléau ; aussi la ville, reconnaissante, non seulement leur offrait à diner tous les ans,
les jours de saint Roch et de saint Sébastien, mais encore,
lorsque les temps étaient malheureux, leur venait en aide.
Le cas se présenta en 1656 ; le vin était hors de prix et
le pain de huit onces se vendait 12 deniers tournois.

Pendant le premier semestre de ladite année, sur l'ordre
des gouverneurs, en considération de la cherté des vivres
et sans tirer à conséquence pour l'avenir, Pierre Hersent,
tavernier, livra, au prix de 37 livres 4 sols, vingt-quatre pots
de vin, qui furent aumônés de semaine en semaine aux
pères Capucins, et Nicolas Legrand, boulanger, leur livra,
dans les mêmes conditions, quarante-huit pains, moyennant

12 livres. Cette générosité n'empêcha pas, au mois de
janvier 1657, le dîner traditionnel de la Saint-Sébastien
d'avoir lieu et les gouverneurs attournés d'y assister. Ce
fut Guy de Lisy qui le servit et en fournit le menu.

Au mois de mai suivant, il fut acheté chez Pierre Esmery
pour 23 livres, des pièces de gibier, qui furent présentées à
M. de Breteuil, intendant de justice en la généralité de Paris.

Ensuite Guy de Lisy régna sans partage et eut le monopole des fournitures officielles. Au mois d'août, ce fut
chez lui que furent pris le poisson et le gibier offerts à
MM. de Candé et Cartigny, grands-maîtres des eaux et
forêts de France, lors de leur entrée dans la ville. Les
13 et 20 octobre suivants, même genre de cadeaux sortant
de la même maison fait, cette fois, à M. de Candé seul. Il
s'agissait de le bien disposer à délivrer à la ville une ordonnance destinée à remplacer le bois avancé par elle aux
habitants qui avaient fait garde à la porte du pont pour
arrêter les déserteurs des armées du Roi.

Au mois d'avril 1658, le père Jésuite Jacques de Billy [1]
natif de Compiègne et célèbre professeur de mathématiques
au collège Godran de Dijon, était venu annoncer la parole
de Dieu dans les paroisses de Saint-Jacques et de Saint-
Antoine pendant l'Avent et le Carême. Ses sermons avaient
eu beaucoup de succès, aussi les gouverneurs non seulement le gratifièrent d'une somme de 60 livres tournois
pour subvenir à sa nourriture, mais encore lui offrirent
dans la grande salle de l'Hôtel de Ville un dîner servi et
préparé par le pâtissier Guy de Lisy, moyennant une
somme convenue d'avance de 52 livres tournois. A ce dîner,
auquel assistaient les attournés, avaient été conviés :
Mre Pierre Loisel [2], compatriote et ami de Jacques de Billy,

---

[1] Jacques de Billy, né à Compiègne en 1602 et mort à Dijon, le
14 janvier 1679.

[2] Pierre Loisel était né à Compiègne. Il fut chanoine de Noyon
en 1623. Il était chancelier de l'Université de Paris. C'est chez lui,

docteur en Sorbonne et curé de la paroisse de Saint-Jean-
en-Grève à Paris, ainsi que le sieur Richard Gaya, major de
Compiègne.

Le 10 novembre suivant, le corps de ville s'en fut, à
Monchy, féliciter la marquise d'Humières sur la naissance
de son fils et lui présenter, comme don de joyeux avène-
ment, un assortiment de gâteaux ainsi qu'une provision
d'hypocras fabriqués par Guy de Lisy, le tout surmonté
de dix-huit banderolles de satin blanc, sur lesquelles Jacques
Patigny avait peint les armes de Monseigneur le marquis
d'Humières. Ce fut encore Guy de Lisy [1] qui se chargea,
moyennant 33 livres, du souper donné à Hugues Cousin,
admodiateur général du duché de Valois, par Mr Hector
Charpentier, procureur de Compiègne en la Cour du Parlement, et par les officiers de l'Hôtel de Ville. Au cours de
ce repas fut débattu le montant des droits féodaux de quint
et de requint dus à la ville à cause de l'acquisition qu'elle
avait faite, par contrat du 18 mars 1653, de Mre Jean Seroux
et de la veuve de Mr Claude Bourdon, du fief des Tournelles,
dépendant du duché de Valois. On arriva enfin à modérer
ces droits à la somme de 100 livres, dont Hugues Cousin
daigna se contenter.

En 1676, la ville se trouva dans un embarras extrême
et, pour en sortir, fut obligée d'user de tous les moyens de
séduction. Pierre Stoppa [2], commandant d'une compagnie
du régiment des gardes suisses et lieutenant général des
armées du Roi, voulait faire partir de Compiègne les
quatre compagnies suisses qui y tenaient garnison, pour

à Paris, que mourut, le 10 décembre 1650, âgé de 85 ans, Hubert
Charpentier, prêtre, licencié en théologie de la maison de Sorbonne,
grand-vicaire de l'archevêque d'Auch et supérieur de la chapelle du
Mont-Valérien.

[1] Archives de Compiègne, B. B.

[2] Il avait épousé Anne-Charlotte de Gondy. Il mourut le 6 Janvier
1707, à l'âge de 80 ans.

peut-être en faire bénéficier Château-Thierry, sa ville de prédilection. Aussitôt, les gouverneurs attournés d'envoyer en toute hâte Roch de Billy, conseiller élu en l'élection, à Saint-Germain-en-Laye, où se trouvait M. Gilles Charpentier, seigneur de Moyenneville et premier commis de M. de Louvois, afin de le supplier d'empêcher ce changement si préjudiciable aux intérêts locaux. En même temps, ils ne savaient quelles politesses faire au tout puissant ministre. Le 12 juillet de la même année, ils allèrent à Monchy prendre congé du maréchal d'Humières, qui partait, avec M. de Louvois, pour retourner en Flandre. Le 15 décembre suivant, ils vinrent, assistés de MM. les officiers de justice, saluer chez Pierre Raison, à l'*Hôtellerie de la Petite-Croix-d'Or*, M. de Louvois, qui rentrait à Paris, et donner l'accolade à Monseigneur d'Alemont [1].

Le 25 mai 1677, des vins furent présentés au marquis de Louvois et à sa suite, lors de son passage à Compiègne, à son retour de l'armée de Flandre. Les démarches faites au sujet du changement des compagnies suisses avaient sans doute été couronnées de succès, car lorsque, quatre jours après, M. Gilles Charpentier arriva dans la ville, celle-ci, reconnaissante, lui fit l'offrande d'un grand gâteau, du prix de 12 livres, d'une espèce particulière et qui apparaissait pour la première fois. C'était la veuve de Pierre Dièe, maître plâtrier, la pâtissière Suzanne Pignier, qui l'avait fourni et en avait trouvé récemment la recette. Ce gâteau, dit au chaudron, eut une si grande vogue que la renommée en rejaillit sur la ville et s'est perpétuée jusqu'à nos jours sous le nom de gâteau de Compiègne. Les pâtés de lièvre d'Adrien Amelin étaient détrônés et, à partir de ce jour, remplacés dans les cadeaux officiels par les gâteaux de Suzanne Pignier.

C'est elle qui, le 23 décembre suivant, livra les biscuits,

[1] Archives de Compiègne, C. C.

macarons et brioches, lors de la collation faite, à l'Hôtel de
Ville, pour MM. les juges, magistrats et officiers de la cité,
à l'occasion de la prise de Saint-Ghislain, due au maréchal
d'Humières. Trois jours après, elle se chargea de faire le
dîner offert au révérend père minime, Pierre Hervé, prédicateur de l'Avent et du Carême, par les gouverneurs attournés,
qui avaient suivi ses sermons assis sur des sièges nouvellement recouverts tout à neuf d'étoffes de tripe à la
chaîne [1] par le tapissier Fleury Haqueville et qui lui tinrent
compagnie pendant le repas.

Au commencement de l'année 1678, Suzanne Pignier
vendit à la ville, au prix de 68 livres, cinq de ces grands
gâteaux dont elle avait la spécialité et qui furent présentés,
savoir trois à la Maréchale d'Humières et deux à Madame
Hotman, femme de l'intendant de la généralité de Paris [2].

Ensuite, le 27 mars de la même année eurent lieu des
réjouissances publiques à cause de la prise de Gand ; le
6 avril suivant, nouvelles réjouissances faites à l'occasion de
la prise d'Ypres, après le *Te Deum* chanté à l'église de
Saint-Corneille. Les pâtisseries ne furent pas épargnées dans
ces occasions non plus que le 14 avril lors des dépenses
faites par la ville au sujet de l'arrivée de leurs Majestés au
château de Monchy, au retour de ces conquêtes. Le pâtissier
Pierre Amelin y contribua pour sa part en fournissant pour
129 livres de vin.

Cette année, ce fut Pierre Esmery qui fournit le dîner
habituel donné aux pères Capucins le jour de Saint-Roch,
ainsi que le dîner et souper servi à l'Hôtel de Ville aux
attournés le jour de Saint-Remy, au moment de la réception

---

[1] Mercredi 3 novembre 1677, délivré mandement à Haqueville,
marchand tapissier, de 15 livres 10 sols, pour avoir recouvert tout à
neuf d'étoffes de tripe à la chaîne les trois sièges dont MM. les
gouverneurs attournés se servent aux prédications de l'Avent et du
Carême.

[2] Archives de Compiègne, C. C.

des cens et surcens. Il fut aussi chargé du diner de la Saint
Sébastien en 1679. Quelques mois après, bonne aubaine
encore pour le couvent ; le révérend père capucin, François
de Chartes, ayant prêché l'Avent et le Carême, reçut pour sa
peine un assortiment de poissons payé 30 livres chez le
pâtissier Nicolas Burier.

La Maréchale d'Humières n'avait pas perdu le souvenir
de ces excellents et grands gâteaux de Compiègne, aussi
lorsqu'au mois de juin elle vint faire une promenade dans
cette ville, les tartes et les gâteaux de Suzanne Pignier [1]
furent acceptés avec le plus grand plaisir. Le Maréchal
lui-même et le marquis d'Humières, son fils, ne détestaient
pas non plus ces sortes de friandises et dans une visite faite
au mois de juillet à leurs administrés, ils ne dédaignèrent
pas les biscuits et les macarons achetés à leur intention
chez le pâtissier Louis Thieu. Ce dernier, concurremment
avec Pierre Amelin, avait fourni une importante livraison de
ses produits pour servir aux réjouissances faites en mai 1679
à l'occasion de la paix avec l'Allemagne. En novembre
suivant, ces deux pâtissiers livrèrent ensemble le vin et le
gibier offerts au révérend père jésuite François la Morlière,
prédicateur de l'Avent. Les pâtisseries, vins et victuailles
furent encore pris chez ces deux marchands le 3 décembre,
lors des réjouissances à l'occasion de la paix entre le roi
Louis XIV et le roi de Danemark ainsi que l'électeur de
Brandebourg.

Au commencement de l'année 1680, le corps de ville reçut
la duchesse d'Enghien, Mademoiselle de Bourbon, la
Maréchale d'Humières et son inséparable Madame Hotman [2]
et leur fit présent de tartes et gâteaux achetés 64 livres
chez Suzanne Pignier. En septembre, cette dernière eut
encore une nouvelle commande de pâtisseries, la maréchale

[1] Archives de Compiègne, F. F.

[2] En 1630 existait à Compiègne l'hôtel du sieur de Hotman.

d'Humières et Madame Hotman ayant eu l'occasion de
revenir à Compiègne ; la note, cette fois, se monta à
59 livres 4 sols.

A partir du mois d'avril 1681, les deux amies firent à la
ville plusieurs voyages successifs et chaque fois reçurent
l'invariable cadeau sortant toujours de chez la veuve Pierre
Diée. Il en fut de même pour Madame la duchesse de
Béthune, ambassadrice en Pologne ; lorsqu'au mois de
septembre, retournant dudit royaume en France, elle passa
par Compiègne. La Maréchale d'Humières et Madame
Hotman profitèrent de cette circonstance pour venir saluer
la duchesse, et furent encore gratifiées chacune d'un de
ces grands gâteaux qu'elles aimaient tant [1].

Le 5 juin, Pierre Amelin livra le vin et les pâtisseries
consommés à la collation offerte à l'Hôtel de Ville au
Maréchal d'Humières qui se trouvait en compagnie de M. le
chevalier de Lorraine, de M. de Foix et du marquis d'Effiat [2].
Ces Messieurs ne pouvaient être d'aucune utilité à la ville,
mais l'honneur d'une telle visite était d'un prix inestimable.

Pierre Esmery, comme tous les ans, fut chargé du dîner
donné aux pères Capucins les jours de Saint-Roch et de
Saint-Sébastien, ainsi que du dîner et souper fait en l'Hôtel
de Ville le jour de Saint-Remy pour la réception des cens et
surcens.

Par extraordinaire il ne fut pas donné de poissons ni
offert à dîner au prédicateur stationnaire du Carême ; on
se contenta de donner 30 livres au père bernardin Tabary
qui avait prêché l'Avent et pareille somme au religieux
cordelier Jacques Charmolue qui avait prêché le Carême.

Au mois de mai 1682, la Maréchale d'Humières et
Madame Hotman firent à la ville leur sortie périodique ;
trois gâteaux de chez Suzanne Pignier leur furent offerts,

---

[1] Ils coûtaient 26 livres les deux.

[2] La note se monta à 42 livres 2 sols.

savoir : deux à Madame d'Humières et un à Madame
Hotman, afin de bien marquer le rang moins élevé de la
seconde. C'était le dernier présent des gouverneurs attournés
dont le mandat allait expirer et qui furent remplacés le
16 juin suivant. Ce jour une collation fut offerte à l'Hôtel
de Ville au Maréchal d'Humières qui était venu procéder
à l'élection et nomination des nouveaux gouverneurs et sur
la table furent servis trois douzaines de grands biscuits
et autant de macarons provenant de chez la célèbre pâtissière. Mais les gâteaux de celle-ci avaient diminué de prix
ou de volume, car les trois qui furent présentés au mois
de septembre à la Maréchale d'Humières, à Madame
l'Abbesse de Monchy et à Madame la Vidame du Mans ne
coûtèrent que 26 livres, c'est-à-dire le même prix que les
deux reçus au mois de septembre de l'année dernière par
la Maréchale et son amie.

En avril 1684, les gouverneurs allèrent à Monchy [1] saluer
Mesdames les Abbesses, sœurs du Maréchal. Quelques
jours après ils y retournèrent pour complimenter le prince
d'Isenghien qui venait de se distinguer à la bataille de
Cassel. Le 25 avril les corps de justice et de la ville furent
au château de Monchy pour y saluer le Roi, Monseigneur
le Dauphin et Madame la Dauphine qui y étaient arrivés
le jour précédent et qui en partirent le mercredi 26 du même
mois pour aller en Flandre. Deux grands gâteaux, des

---

[1] Le 16 avril 1684, Hugues Loison, charretier, pour avoir conduit
à Monchy les gouverneurs attournés saluer Mesdames les Abbesses.

Le 20 avril 1684, payé 60 sols à Nicolas Carlier, charretier, pour
avoir amené MM. les Gouverneurs à Monchy, complimenter
M. le prince d'Isanguin.

Le 17 octobre 1684, payé 60 sols à Nicolas Chambellan, charretier,
pour le louage de deux chevaux et une bourrique qui a conduit les
sieurs gouverneurs à Monchy.

Le 11 avril 1685, payé 3 livres 10 sols pour un charretier et le
louage de deux bourriques menées à Monchy. Archives de Compiègne, C. C.

tartes glacées, des biscuits et macarons de chez Suzanne Pignier furent présentés à Madame la Dauphine et aux Dames de sa suite.

Le 23 mai, les gouverneurs furent de nouveau à Monchy saluer en corps Monseigneur le Maréchal d'Humières, après la prise d'Oudenarde, et en attendant l'heure de leur réception au château, déjeunèrent chez Claude Quévin, maître du *Lion-d'Argent,* chez qui ils firent une dépense de 16 livres 5 sols [1]. Pour cette somme ils durent avoir un repas soigné avec force pâtisseries et faire bombance. Ne fallait-il pas fêter les succès du châtelain de Monchy et, d'ailleurs, c'était la Ville qui payait les frais.

Le révérend père Rocher, des Jésuites, prêcha l'Avent et le Carême ; ses sermons furent sans doute très appréciés, car ils coûtèrent à la ville 88 livres, prix de deux dîners auxquels il fut convié et pour lesquels le pâtissier Louis Thieu fournit la viande et le poisson.

En 1685, la prédication de l'Avent et du Carême revint à bien meilleur marché ; le prieur des Jacobins, qui s'était acquitté de cette tâche, reçut en récompense un brochet et deux carpes payés 6 livres 10 sols chez Louis Thieu [2].

Le 6 février 1686, M. Gilles Charpentier, premier commis de M. de Louvois, étant à Compiègne, la Ville, supposant, avec juste raison, que du gibier lui agréerait mieux que des gâteaux de Suzanne Pignier, eut l'ingénieuse idée de lui offrir un sanglier apporté de la forêt par deux gardes-chasse à qui furent données 4 livres 10 sols. C'était de l'argent placé à gros intérêts ; il pouvait se faire qu'on ait bientôt besoin du célèbre Ministre et de l'appui de son favori.

Au mois de mars, le pâtissier Louis Thieu fut chargé

[1] Archives de Compiègne, C. C.
Le 8 janvier 1685, il fut payé 6 livres 15 sols à Barbe, servante dans l'Hôtel de Ville.

[2] Archives de Compiègne, C. C.

de confectionner le repas de la Saint-Sébastien au couvent des pères Capucins qui avaient une prédilection marquée pour ces agapes, et livra le poisson du dîner où avait été convié, selon la coutume, le prédicateur du Carême, le père jacobin Lecaussin.

Les pâtissiers étaient astreints à certaines ordonnances qu'ils étaient tenus d'observer sous peine d'amende, entre autres celle de n'entrer dans les différents marchés de la ville qu'à partir d'une certaine heure. Le cas se présenta pour Antoine Arrouy, maître pâtissier. Celui-ci fut trouvé le vendredi 12 juillet, à six heures du matin, par Thomas Chastelain, juge policier, sur le marché de la Poissonnerie, achetant et marchandant du poisson d'eau douce, préférablement aux bourgeois. Le policier, lui ayant fait remarquer qu'il contrevenait aux règlements et ne pouvait entrer dans le marché, en sa qualité de pâtissier, qu'à neuf heures du matin, il n'aurait pas tenu compte de ses observations, objectant que les règlements étaient faits pour les coupeurs de bourses et non pour les honnêtes gens et aurait proféré des insultes répétées.

Thomas Chastelain l'ayant prévenu charitablement qu'il serait certainement condamné à 30 sols d'amende, il aurait tiré de sa pochette une pièce de 30 sols en faisant le *niquet* et en disant au policier de venir la prendre.

Mais l'affaire suivit son cours et, quelques jours après, il fut condamné à l'amende dont il avait été menacé.

En 1692, apparaissent comme maîtres pâtissiers, Claude de Genlis, âgé de 37 ans, fils d'Antoine de Genlis, ancien organiste de Saint-Antoine, et Antoine Faux, époux de Marie-Anne Ancel.

Le 22 septembre 1696, à l'occasion de la publication de la paix entre la France et la Savoie, toutes les autorités civiles et militaires se réunirent à l'Hôtel de Ville ; il y eut une procession à laquelle prirent part les arquebusiers, puis le cortège rentra dans la grande salle où une collation avait été servie, collation se composant d'un pâté de chapon, de chapons gras, de gâtelets et de cinq grands pots de vins achetés chez Antoine Faux.

Le frère de ce dernier, Nicolas Faux, était aussi maître pâtissier et tenait l'*Hôtellerie de Saint-Nicolas*, près du pont.

DEUXIÈME PARTIE

Les pâtissiers avaient des statuts aux termes desquels il était exigé, pour que le postulant fut reçu maître, de faire un chef-d'œuvre, c'est-à-dire un plat de saupiquet et de viande, qui était apporté en grande cérémonie à la chambre de l'Hôtel de Ville. Là, les gouverneurs le goûtaient, puis décidaient, après un examen approfondi, si l'apprenti devait ou non passer maître. Une fois reçu, le pâtissier devait promettre et jurer de n'acheter « aucun poisson pasmé ayant le fiel crevé dans le ventre » et de ne jamais rien vendre à ses pratiques « de corrompu, gâté et indigne d'entrer dans le corps humain [1]. » Quiconque veut être oublieur, disent aussi les statuts, doit en savoir le métier et pouvoir faire en un jour mille nieules ou gâteaux très petits et très légers, comme on en débitait beaucoup à cette époque. Les pâtissiers, se fondant sur ce qu'il y a telle pâtisserie qui n'est bonne à manger que chaude, travaillaient non seulement le dimanche, mais les jours de grandes fêtes ; aussi les rois, indignés d'un tel scandale, les obligèrent de célébrer toutes les fêtes solennelles commandées par l'Eglise, comme Pâques, la Pentecôte, la Fête-Dieu, l'Assomption, la Toussaint, Noël, ainsi que la Saint-Michel, leur patron, de sorte que, ces jours fériés, les pâtissiers, à leur grand regret, durent s'abstenir de chauffer le four

[1] *Tablettes d'Histoire locale*, par E. Coët.

et furent obligés de passer leur journée à l'église ou à la promenade. Les pâtissiers étaient en même temps cabaretiers et, comme il était honteux d'aller chez eux, beaucoup de personnes n'y entraient que par la porte de derrière et c'était une effronterie d'y entrer par la boutique ou par le devant ; de là le proverbe : « Il a toute honte bue, il a passé par devant l'huis du pâtissier. »

En 1700, Philippe Legrand, maître pâtissier [1], et Catherine de la Coupelle, sa femme, fille de Jean de la Coupelle, tenant l'*Hôtellerie de la Nasse*, habitaient, rue de Pierrefonds, une maison touchant d'un côté au cul-de-sac et de l'autre à Jean Vivenel.

En 1723, Jean Amelin, demeurant sur le Marché aux fruits, avait succédé à son père, Adrien Amelin, et était non seulement pâtissier, mais encore visiteur de porcs ou langueyeur. Il avait épousé Marianne Faux, fille de Nicolas Faux, maître de l'*Hôtellerie de Saint-Nicolas*.

Au faubourg de la porte de Pierrefonds, à l'*Hôtellerie de la Petite-Croix-d'Or*, vivait, à cette époque, un nommé Chanoine [2] qui s'intitulait pâtissier et vendait aux clients des produits de sa fabrication, sans être en possession de la maîtrise. Dénoncé par ses concurrents, il fut cité à comparaître à l'audience de police du mardi 5 octobre 1723 pour avoir entrepris sur l'art et métier des pâtissiers et rôtisseurs. Il nia les faits qui lui étaient imputés. C'est pourquoi le lieutenant de police permit au Procureur du Roi de faire la preuve du contraire, et cependant, dit le jugement, faisons défense audit Chanoine d'entreprendre sur l'art et métier des pâtissiers et rôtisseurs, pourquoi enjoignons aux égards de la communauté des pâtissiers de cette ville de se transporter chez le sieur Chanoine et autres particuliers pour connaître et veiller aux entreprises qui seront faites audit

---

[1] Archives de Compiègne, D. D., 14.

[2] Jugements de police. Archives de Compiègne.

art et métier, pour leur rapport être fait et communiqué au Procureur du Roi.

Entre autres pâtissiers il y avait encore à cette date : Claude Engebert, Simon Fausset, maître de l'*Hôtel du Mouton-d'Or*, sur le Change, Antoine Fausset, demeurant rue des Lombards, et Claude Burier. Ce dernier comparut aussi à l'audience de police du 5 octobre 1723, accusé d'être entré dans le marché à volailles, d'avoir excité les autres pâtissiers à y entrer avant l'heure permise et d'avoir commis plusieurs insolences envers Robert Huet [1]. Le jugement rendu fut ainsi conçu : « Les pâtissiers, rôtisseurs, cabaretiers et charcutiers, ne pourront entrer dans le marché les jours de mardi, jeudi, vendredi et samedi, savoir depuis la Saint-Remy jusqu'à Pâques, avant dix heures, et depuis Pâques jusqu'à la Saint-Remy, à neuf heures, même de paraître et acheter sur le marché, soit par eux-mêmes, femmes, enfants et autres personnes de leur part, avant les dites heures, comme aussi d'aller au-devant des denrées lesdits jours, ni d'entrer dans la rue du Pont et sur le Pont pour l'achat desdites denrées avant lesdites heures, le tout à peine de 50 livres d'amende et de prison ; pourquoi enjoignons à Robert Huet de se transporter dans ladite place, rue et sur le pont pour arrêter les contrevenants et les constituer prisonniers ; ce qui sera lu et publié par tous les carrefours, et à l'égard dudit Burier pour les insolences par lui commises et les entreprises par lui faites le jour de samedi dernier sur le marché à volailles, l'avons condamné à 60 sols d'amende.

Déjà Claude Burier et son confrère Simon Fausset avaient été cités à l'audience du 19 septembre 1719 et avaient été tous les deux condamnés à 10 sols d'amende pour être entrés dans le marché à volailles, le mardi 12 du présent mois, vers les 7 heures du matin, et avoir marchandé des volailles.

[1] Agent de police.

La boutique du pâtissier Jean Amelin fut le théâtre d'une aventure assez scandaleuse, qui vint jeter la désolation dans une famille d'honorables commerçants, celle de Frédéric de Billy, marchand de draps, demeurant au coin du Marché aux Fruits, en remontant la place du Change. Celui-ci, fils de César de Billy et d'Antoinette de Baillon, avait épousé, le 10 novembre 1692, Jeanne-Euphrosine Lejeune, fille de Pierre Lejeune, huissier à Compiègne, et d'Anne Lion. Leur fils aîné, Jean-César-Frédéric, né en 1699, était devenu prêtre, chanoine de Saint-Clément, et leur fille Henriette-Françoise-Elisabeth s'était mariée, en 1720, avec Jacques-Nicolas Vandorp, inspecteur du château et des routes de la forêt de Compiègne. Leur fils cadet, Pierre de Billy, ne donnait pas beaucoup de satisfaction à ses parents et commettait de temps à autre quelques peccadilles de jeunesse qui, jusqu'ici, n'avaient pas encore donné prise à la malignité publique. Mais le dimanche 23 juillet 1724, vers environ trois heures de l'après-midi, après les vêpres de Saint-Clément, il entra, accompagné de ses amis, Collas, fils de Louis Collas, archer et huissier royal, et Renard, fils de défunt Léon Renard, marchand de draps, dans le cabaret tenu par Pierre Charpentier, âgé de 55 ans, et Elisabeth Dubut, sa femme. Ils se firent servir trois pots de vin, qu'ils consommèrent en devisant. Ensuite, la conversation s'échauffa et dégénéra en dispute à l'occasion d'un motif des plus futiles : une serviette égarée. De Billy, la tête montée par la boisson, commença par se jeter sur Collas et le maltraiter à coups de pied et à coups de poing ; après quoi, il tomba sur Renard pour l'attaquer, mais ce dernier reculant, prétexta qu'il était son allié fort proche et que par conséquent il ne voulait pas se battre avec lui.

Furieux, de Billy se saisit de pincettes trouvées sous la cheminée et en menaça Renard et Collas qui s'enfuirent. Pour avoir voulu s'interposer et ressaisir ses pincettes, la femme Dubut reçut des coups de poing sur la tête, sans

avoir pu réussir à désarmer le forcené qui s'élança hors du
cabaret dans la rue, en brandissant son arme improvisée.
Il était alors six heures et demie du soir. Cette scène avait
causé un grand tumulte au bas de la place de Saint-
Clément, et attiré une certaine quantité de peuple qui
prit la fuite pour se soustraire aux coups. Le lieutenant
général de police, M⁰ Pierre-René Potier, qui demeurait tout
près de là, au coin de la rue de l'Ange, entendant ce
vacarme, sortit de sa maison. Il vit de Billy prendre un
gros pâté sur la boutique de Jean Amelin, mordre dedans
à pleines dents, et jeter le reste sur le pavé. Le malheureux
était plein de vin, ses vêtements en désordre, il n'avait plus
ni chapeau ni perruque, il poursuivait de ses pincettes les
témoins de ce spectacle et frappait indifféremment les
personnes qui n'avaient pu s'enfuir ; entr'autres le nommé
Jessé, savetier, et la femme de Jean Amelin, Marianne
Faux, qu'il blessa légèrement au col. Après ce bel exploit,
de Billy ayant, par hasard, aperçu le lieutenant de police,
se sauva aussitôt par la rue des Jacobins pour sortir hors
de la ville.

Nous n'avons pas trouvé, sur les registres des audiences
de police, la condamnation infligée à ce perturbateur de
l'ordre public. Cette affaire fut probablement étouffée :
Frédéric de Billy était cousin de l'abbé Hersan, dont Pierre-
René Potier était l'ami intime. Les plaignants durent recevoir une forte indemnité, et Jean Amelin, être largement
payé pour son pâté perdu, ainsi que pour la blessure faite
à sa femme.

En 1725, Jean Charpentier était pâtissier en même temps
que boulanger, mais il n'avait pas le droit d'exercer ce
dernier métier, n'ayant pas été admis à la maîtrise. C'était
un boulanger, Charles Hersent, qui lui servait de prête-nom.
Mais cette supercherie ne fut pas admise et le mardi 20 mars,
celui-ci comparut devant le lieutenant de police. Là, il affir-
ma que les ustensiles de boulangerie se trouvant dans la

boutique lui appartenaient et que le pain débité par lui était pour le compte et profit du sieur Charpentier. Le jugement dit que dedans la huitaine, Charles Hersent déclarera en notre greffe s'il entend jouir de son privilège de maître boulanger en cette ville pour son profit et compte, autrement la maîtrise lui sera retirée. En 1728, lors de l'arrivée du roi à Compiègne, Jean Charpentier fournit, moyennant 53 livres, plusieurs gâteaux qui furent présentés aux princes et dames de la Cour.

Le 26 février 1726, de nouvelles contraventions aux règlements concernant les marchés ayant été commises, le lieutenant de police fit défense à tous pâtissiers, rôtisseurs et hôteliers d'entrer pendant tous les jours du Carême dans le marché, même d'y paraître avant le timbre de la cloche de cette ville destinée à cet effet, à peine de 50 livres d'amende et de prison.

Les moutiers ont toujours passé, de tous temps, pour être de vrais magasins des plus adorables friandises. Qui ne sait que les meilleurs liqueurs de France se faisaient à la Côte chez les Visitandines, que celles de Niort ont inventé la confiture d'angélique, que les sœurs de Château-Thierry sont renommées pour la fabrication des pains de fleur d'oranger et que les Ursulines de Belley avaient, pour les noix confites, une recette qui en faisait un trésor d'amour et de friandise? Les religieuses des couvents de la ville n'étaient pas restées en arrière, elles avaient aussi leur spécialité et excellaient dans la préparation de certaines pâtisseries. Les Visitandines, sachant que Louis XV paraissait aimer beaucoup la forêt de Compiègne, lui firent hommage de la représentation de cette forêt en sucrerie, avec les arbres, les routes, les élévations et les villages. Le roi admira la délicatesse de cet ouvrage et félicita les bonnes religieuses qui durent être récompensées de leur attention fine. Les religieuses de Saint-Nicolas au-Pont réussissaient admirablement les massepains; aussi, en 1728, lors du

voyage du Roi à Compiègne, la ville voulant faire goûter
à Sa Majesté et aux dames de son entourage leurs produits
tant vantés, fit au couvent une importante commande de
massepains. A l'appui de cette fourniture fut produite la
note suivante :

Mémoire de la dépense que nous avons faite pour les Messieurs
Echevins de l'Hôtel de Ville de Compiègne, par l'ordre de
MM. de Navarre et de Lavallée.

Pour 14 livres de massepains, 14 livres d'amandes, à 12 sous la
livre. . . . . . .
Pour un demi-cent d'œufs, à 12 sous le quarteron. . . . . .
Pour 21 livres de sucre, à 16 sous 6 deniers la livre. . . . . .
Pour six mains de papier, à 2 sous 6 deniers. . . . . .
Pour le paiement des personnes de journée que nous avons prises
afin de nous aider et leur nourriture et le charbon. . . . .   5 livres.
Total : 32 livres 13 sols 6 deniers.
C'est avec plaisir, Messieurs, que nous vous avons rendu ce petit
service. Nous sommes vos très humbles et obéissantes servantes.

Les Religieuses de l'Hôtel-Dieu de Saint-Nicolas.

Puisque cette note nous donne le prix du sucre en 1728,
il ne sera peut-être pas inutile ni hors de propos de signaler
les différentes variations qu'il a subies pendant l'espace de
dix années :

En décembre 1720, la livre de sucre royal valait	22 sols,	le médiocre	16 sols	
En janvier 1721	22 »	»	19 »	
En janvier 1722	20 »	»	19 »	
En septembre 1722 . .	24 »	»	22 »	
En janvier 1724	24 »	»	22 »	
En novembre 1724 . .	24 »	»	20 »	
En novembre 1726 . .	18 »	»	16 »	
En janvier 1729	18 »	»	16 »	

En 1740 [1], Adrien Delachelle était maitre pâtissier ;

---

[1] En 1740, on servait comme entremets les pâtisseries suivantes :
ramequins à la Toulouse, ramequins soufflés, petits choux farcis

Marie-Madeleine Vuatelet, sa femme, devenue veuve quelques années après, se remaria avec Jean Dufour, marchand cabaretier.

Le 26 juin 1741, Louise - Elisabeth d'Orléans, reine douairière d'Espagne, veuve de Louis Ier, roi d'Espagne, vint à Compiègne passer un mois pour rétablir sa santé. Il lui fut présenté à son arrivée pour 41 livres de gâteaux et de massepains provenant de chez Jean Charpentier.

En 1743, Pierre Prenier, pâtissier en pâtisserie, ayant été reçu maître, adressa une requête au lieutenant-général à l'effet d'obtenir l'autorisation de s'établir, à Compiègne, pâtissier et rôtisseur. L'officier de police ayant connaissance de la capacité et religion du postulant, lui accorda l'autorisation qu'il demandait, à la condition toutefois de payer trente livres au receveur des épices (10 janvier 1743) [1].

A la même époque, Pierre Leclère, pâtissier et cabaretier, demeurait sur le Petit-Change, près la rue du Croissant.

En 1748, lorsque la Cour vint à Compiègne, une nouvelle commande de massepains fut faite aux religieuses de Saint-Nicolas-au-Pont, qui donnèrent ainsi quittance de la somme leur revenant en échange :

« Nous, dépositaire du prieuré Hôtel-Dieu de Saint-Nicolas, reconnaissons avoir reçu de Me Bullot, greffier de l'Hôtel de Ville, la somme de 71 livres 3 sols, pour pareil déboursé que nous avons fait pour une quantité de massepains que nous avons fait et livré à MM. les Echevins pour le dernier voyage du Roi en cette ville, y compris

et au naturel, pommes d'amour, petites croquantes de pâtes d'amandes, tartelettes de toutes sortes de confitures, canclons, tourtes de toutes sortes de crèmes et de fruits, bouillants, canelas, rissoles de crèmes et autres, boucons, feuillantine, poupelins, gâteaux d'amandes, bonnets de Turquie, gâteaux de Savoye, darioles, princesses, gâteaux de Compiègne, génoises, etc.

(1) *Tablettes d'Histoire locale*, par E. Coët, p. 258, 4e volume.

dans ladite somme ce que ces Messieurs ont donné pour
nos domestiques pour avoir battu lesdits massepains.

« Fait audit Compiègne, le 10 septembre 1748.

« Signé : Sœur MARIE FÉRET. »

Telle fut la dernière dépense occasionnée par la traditionnelle offrande de ces présents de ville qui grévaient si
lourdement le budget.

Le Roi remédia à cet état de choses et, par une lettre
du 12 août 1749, fit savoir aux Échevins de Compiègne qu'il
leur défendait de faire, à l'avenir, aucune dépense en
présents. Persuadé de l'attachement et de la fidélité des
habitants, il veut bien les dispenser de lui en renouveler
les témoignages par l'hommage du pain et du vin de ville
et les exempte pareillement de cette cérémonie par rapport
à toutes les personnes à qui on était cy-devant en usage
d'en présenter, sans aucune exception.

Dès lors, n'étant plus mêlés aux événements de la cité,
les pâtissiers perdirent leur prestige et leur art se ressentit
de n'être plus stimulés par l'orgueil de faire savourer leurs
produits dans les réceptions des reines et princesses. Si,
pour compenser cette perte, ils avaient eu de temps en
temps des livraisons de gâteaux à faire à la famille royale
pendant ses nombreux séjours à Compiègne. Mais la Cour
emmenait avec elle ses pâtissiers et rôtisseurs.

Nous relevons, dans les registres paroissiaux de cette
époque, que Claude Moutaillier, premier garçon pâtissier
chez la Reine, mourut au château, à l'âge de 33 ans, le
25 juin 1750, et fut inhumé à Saint-Jacques, en présence de
Louis Moutaillier, tailleur, et de Jean-Louis-Thomas
Bourgeois, rôtisseur au commun de la Reine.

Le 28 juin de l'année suivante, Jean-Jacques Colle,
pâtissier du commun du Roi, et Marie-Françoise-Antoinette
Tuault, sa femme, firent baptiser une fille nouvellement née.

Jean Charpentier était depuis longtemps retiré des affaires

quand il perdit sa femme, Marie-Marguerite Béguin, morte
subitement le 19 juin 1751, à l'âge de 78 ans. Il avait cédé
son fonds de commerce, situé rue des Pâtissiers, à son
gendre, Gaspard Nicolas [1], qui, à son tour, fit souche de
pâtissiers dans la personne de ses quatre fils. L'aîné,
Claude-Joseph Nicolas, dit *Lacour*, succéda à son père et
épousa, le 28 avril 1785, à l'âge de 32 ans, sa cousine,
Victoire Charpentier, fille d'Antoine Charpentier, marchand
bonnetier, et de Marie-Anne Poulain. Les trois autres,
Simon Nicolas, Simon-Philippe Nicolas, maître de l'*Hôtel
de la Bouteille*, et Jean-Jacques Nicolas exerçaient la profession de leur père.

Jean-Jacques Nicolas [2] avait épousé Anne-Charlotte
Legendre, sœur de François Legendre, aussi maître
pâtissier. Celle-ci étant décédée le 15 avril 1763, à l'âge de
35 ans, il se remaria peu de temps après avec Marguerite
Camus, fille de Jean-Jacques Camus, maître taillandier.

Le fils de cette seconde union, Jacques-Benoît Nicolas [3],
né le 11 décembre 1764, fut initié aux secrets du métier de
la famille et continua par la suite l'excellente réputation de
la maison sise rue des Pâtissiers.

Le 9 janvier 1783, il perdit sa femme, qui mourut âgée de
vingt-quatre ans seulement. Mais son veuvage ne dura pas
longtemps ; quelques mois après, il épousa en secondes

[1] Gaspard Nicolas maria, le 18 septembre 1777, sa fille Marie-
Simone à Antoine Vivenel, fils de Jean Vivenel, maître plâtrier,
et de Françoise Dieutegard.

[2] 27 avril 1750, baptême d'Anne-Françoise, fille de Jean-Jacques
Nicolas, pâtissier, et d'Anne Legendre. Le parrain, Alexandre
Legendre, tonnelier ; la marraine, Anne-Françoise Mayeux, femme
de Benoît Nicolas, cabaretier.

[3] 11 décembre 1764, baptême de Jacques-Benoît, fils de Jean-
Jacques Nicolas, maître pâtissier, et de Marguerite Camus. Le parrain,
Jean-Jacques Camus, maître taillandier.

noces Marie-Louise-Perrine Nicquet, fille d'un garde-vente
de la forêt de Compiègne [1].

Après les Nicolas, qui étaient la plus importante famille
de pâtissiers de la ville, venaient les Descœurs. Jean
Descœurs et Marguerite Royal, sa femme, eurent trois
garçons et deux filles. L'un, appelé Jean, reprit la place
de son père défunt et, le 24 novembre 1750, épousa Marie-
Françoise Mouzon, fille de Gérard Mouzon, palefrenier dans
la vénerie du Roi, et de Martine Accolet. Ses deux autres
frères étaient Simon Descœurs, qui exerçait la profession
de pâtissier, et Charles, celle de boulanger.

Les deux filles s'étaient mariées, l'une, Suzanne Descœurs, avec François-Toussaint Rovilé, et l'autre, Marie-
Anne Descœurs, avec Ange Martin, tous les deux maîtres
pâtissiers. Mais ce dernier étant décédé le 5 mars 1754,
à l'âge de 45 ans, sa veuve lui trouva un successeur,
le 22 avril de l'année suivante, dans la personne de Jean-
Marie Tripet, fils de Nicolas Tripet, maître pâtissier, et de
Marie Clédat, dont la fille avait épousé Louis-Nicolas
Fusier, un de ses confrères. Nicolas Tripet, étant devenu
veuf, se remaria, le 12 janvier 1758, avec Marie-Anne-
Marguerite Ragon, veuve de Denis Bataille, clerc laïque
de la paroisse Saint-Médard d'Attichy. Assistaient à la
cérémonie, Barthélemy Dumaine [2], cuisinier de l'abbaye de
Saint-Corneille, François Legendre, maître pâtissier, Anne
Varlet, veuve de Thomas Ragon, marchand fripier, mère de
l'épouse, Jean Bourlon, marchand mégissier, receveur de la

---

[1] 21 mars 1784, baptême de Jacques-Benoît, fils de Jacques-Benoît
Nicolas et de Marie-Louise-Perrine Nicquet. Étaient présents : Jean-
Jacques Nicolas, maître pâtissier, et Marguerite Viveret, épouse de
Louis Nicquet, garde-vente de la forêt de Compiègne, père de
l'épouse.

[2] Aïeul du célèbre comédien de ce nom, dont la famille était
originaire d'Attichy, endroit où il possédait récemment une maison
de campagne.

fabrique de Saint-Antoine, et Jacques Fillion, marchand
cordier, demeurant au Petit-Margny, tous deux ses oncles.

En 1781, l'ancien pâtissier Pierre Leclère vivait encore.
Après avoir exercé sa profession pendant plus de quarante
années, il avait cédé son établissement à son fils, Jean-
Baptiste Leclère, qui avait épousé Marie-Marguerite Grignon, fille du perruquier Marc-Antoine-Roch Grignon et de
Marie-Marguerite Deschamps. Le 27 février, il avait été
parrain au baptême de son petit-fils et, le 22 mars de
l'année suivante, il avait assisté à celui de sa petite-fille.
Le parrain, cette fois, était Jacques-Laurent Babille,
maître d'hôtel du Roi, et la marraine, dame Marie-Louise-
Adrienne Pottier, épouse du sieur Charles-Laurent Estave,
avocat au Parlement.

La corporation des pâtissiers comptait encore, parmi ses
membres, Etienne Allier [1] et Anne Berthault, sa femme,
Pierre Percoy [2] et Philippe-Etienne Lemaître. Ce dernier,
qui avait épousé la fille de Simon Fausset [3], maître de
l'*Hôtel du Mouton-d'Or*, eut un fils dont le baptême fut
célébré le 6 mars 1751. Le parrain fut Philippe Mouton,
entrepreneur des bâtiments du Roi, et la marraine, Marguerite Calmel, femme de Charles de Sabinet, bourgeois.

Etienne Allier mourut le 13 septembre 1773, âgé de
50 ans, et fut inhumé en présence de Nicolas Dupont et de

[1] 6 juin 1652, baptême de Jean-Etienne, fils d'Etienne Allier,
maître pâtissier, et d'Anne Berthault. Le parrain fut Jean Cornu,
valet de chambre à Paris, représenté par Jean Coulon ; la marraine,
Marie-Madeleine Allier, représentée par Gabrielle Roquin, fille.

[2] 25 septembre 1753, baptême de Pierre, fils de Thomas-Laurent
Rimbour, manouvrier, et de Marie-Anne Libère. Le parrain fut Pierre
Percoy, maître pâtissier, la marraine, Marie-Barbe Desbœuf, femme de
Louis-Honoré, charpentier.

[3] 14 juillet 1752, inhumation, à Saint-Jacques, de Pierre Fausset,
cabaretier, âgé de 77 ans, en présence de Pierre Fausset, maître
boulanger, et d'Etienne Lemaître, pâtissier, son neveu.

François Legendre, l'un garçon et l'autre maître pâtissier. Il laissait un fils, Jean-Etienne-Marie, qui épousa Marie-Catherine Trouvain et continua la profession paternelle.

Claude Burier était mort sans avoir, comme la plupart de ses confrères, une descendance de pâtissiers, laissant une veuve en secondes noces, Marie-Catherine Génart, qui décéda le 15 mars 1763, à l'âge de 80 ans, et fut inhumée en présence de Nicolas Tripet et de Gaspard Nicolas, pâtissiers, ses amis.

Mais la plus noble figure était celle de Jean Amelin, ce vénérable vieillard issu d'une famille de pâtissiers remontant à près de deux siècles, qui avait épousé la fille d'un de ses confrères et dont les fils et petits-fils, avaient tous suivi la carrière de leurs devanciers. Il avait vu mourir bien des siens autour de lui; depuis longtemps déjà, il avait perdu ..., Marianne Faux [1], ainsi que sa nièce, Christine Gournay [2], fille de Nicolas Gournay et de Christine Amelin, décédée à l'âge de 74 ans. Il avait assisté au mariage de son petit-fils, Jean-Gabriel Amelin, avec Marie-Anne Furcy, et celle-ci étant décédée, à sa nouvelle union avec Marie-Antoinette Manche. Le 9 mai 1758, il était au mariage de son arrière-petite-fille, Anne-Gabrielle Amelin, avec Nicolas Duchemin, pâtissier et maître de l'*Hôtel du Barillet*, fils de défunt François Duchemin [3], aubergiste aux *Trois-*

---

[1] 13 avril 1756, baptême, à Saint-Jacques, de Philippe-Marie, fils de Jacques Accolet, manouvrier, et de Thérèse Bêbe ; la marraine fut Marianne Faux, femme de Jean Amelin, maître pâtissier.

[2] 24 janvier 1753, inhumation, à Saint-Jacques, de Christine Gournay, âgée de 74 ans, fille de Nicolas Gournay et de Christine Amelin, en présence de Jean Charpentier, maître pâtissier, cousin germain, qui a déclaré ne savoir signer, et de Nicolas Tripet, maître pâtissier, aussi cousin germain, qui a signé.

[3] 7 décembre 1754, baptême de François, fils d'Antoine Duchemin, pâtissier, et de Marie-Anne Poulletier. Le parrain, François Duchemin, aubergiste aux *Trois-Pucelles* ; la marraine, Marie-Louise Huart, femme de Jean Poulletier, cordonnier.

Pucelles, et de Marie-Rose Faux. Enfin, le 7 juillet 1779, Jean Amelin, appesanti par le lourd fardeau de cent années d'existence, s'éteignit doucement, entouré de son fils, de ses petits-fils et de toute sa nombreuse famille, après toute une vie de labeur et d'honnêteté.

Que les temps étaient changés ! plus de ces excellentes collations que MM. les Echevins se faisaient servir à l'Hôtel de Ville, plus de repas offerts aux prédicateurs du Carême, plus d'agapes chez les pères Capucins pour fêter la Saint-Roch et la Saint-Sébastien. Un vent de scepticisme avait soufflé sur toutes les croyances qui rendaient l'existence plus agréable. Les pâtissiers-traiteurs avaient perdu l'Hôtel de Ville, leur meilleur client.

Le révérend père de Renty reçut tout bonnement la somme de quarante livres pour la prédication du Carême en 1765, et le père gardien des Cordeliers celle de vingt livres pour la prédication de l'Avent.

Le 16 août de la même année, la ville se contenta de donner vingt livres au père gardien des Capucins pour avoir célébré le service de Saint-Roch et pareille somme le 20 janvier 1766, pour la célébration de la Saint-Sébastien.

Le 16 août 1788, le révérend père capucin Vincent toucha vingt livres pour le service de la Saint-Roch.

Le 1er janvier 1789, le prieur des Jacobins, Moret, prédicateur de la station de l'Avent, reçut vingt livres.

Et le 12 avril 1790, un mandement de quarante livres fut ordonnancé par Scellier fils, en faveur du cordelier Rolet, prédicateur du Carême.

La profession de pâtissier n'était plus aussi lucrative qu'auparavant, aussi ceux qui disparaissaient n'étaient qu'exceptionnellement remplacés.

Jean-Gabriel Amelin mourut subitement le 21 octobre 1786, et Nicolas Duchemin, son gendre, maître de l'*Hôtel du Barillet*, trépassa le 22 mai 1789, à l'âge de 50 ans.

Jean-Baptiste Leclère, pâtissier-cabaretier sur le Change,

fut enlevé par la maladie à l'âge de 38 ans, le 5 novembre 1789.

Simon Philippe-Nicolas, qui avait succédé à son beau-frère, Jean-Louis Potin, maître de l'*Hôtel de la Bouteille*, mourut à l'âge de 51 ans, le 24 novembre 1791.

La veuve d'Etienne-Jean-Baptiste Allier, Marie-Anne Bertrand, décéda le 25 novembre 1792, âgée de 82 ans, chez son fils Etienne-Marie Allier, qui avait sa pâtisserie sur le Change.

Le sept germinal an VI, Jean - Marie - Etienne Tripet, ancien pâtissier, veuf de Marie-Anne Descœurs, mourut, âgé de 73 ans, chez son fils, Jean-Etienne Tripet, pâtissier, rue de Paris.

Et le vingt - deux vendémiaire an VII, Jean - Jacques Nicolas, veuf en premières noces d'Anne Legendre et ensuite époux de Marguerite Camus, succomba à l'âge de 73 ans, chez son fils, pâtissier place de la Loi.

Il ne restait plus, à la fin du dix-huitième siècle, que Jean Amelin, traiteur, demeurant place du Change, et Marie-Louise-Adélaïde Leroy, sa femme, Joseph-Nicolas, mari de Victoire Charpentier, et Jacques Benoit-Nicolas, demeurant rue des Pâtissiers.

Son fils Joseph-Nicolas, dit Gaspard, né le huit pluviôse an VIII, lui succéda dans la maison occupée actuellement par M. Cléret.

Un de ses confrères, nommé Benoit, était établi presqu'en face de lui et touchait aux bâtiments de l'Hôtel-de-Ville.

Un pâtissier appelé Benoit, dit Pâté, demeurait près de la halle à la viande : il était ainsi surnommé à cause de sa spécialité pour les pâtés de gibier qu'il réussissait supérieurement.

Joseph Lefèvre, à cette époque, était pâtissier-traiteur et tenait l'*Hôtel de la Bouteille.*

Ensuite vint Emart Joseph, successeur de Nicolas, dit Gaspard. C'était un pâtissier émérite qui, lors du camp de

1847 [1], commandé par le duc de Nemours, eut l'occasion de faire deux ou trois fournitures de pâtés de gibier au général de Maigret. Celui-ci qui logeait, soit à Compiègne, soit à Baugy, chez M. de Tocqueville, en avait conservé le plus délicieux souvenir ; aussi, lorsque, quelque temps après, il alla tenir garnison à Alger, il n'eût rien de plus pressé que de faire la commande d'un autre pâté provenant de la même maison.

Son fils, Émart Victor, continua la vogue de l'établissement, maintenant haute et ferme la renommée des pâtés de venaison et des gâteaux dits de Compiègne.

Les Salis, successeurs des Allier, et les Jolly eurent une réputation au moins égale à celle des Émart : chacun avait

[1] *Camp de Compiègne de 1847* — Il sera composé de 24 bataillons d'infanterie et 27 escadrons de cavalerie, d'une batterie à cheval et de deux batteries montées, d'un équipage de pont, d'une compagnie de mineurs, de deux compagnies de sapeurs du 3ᵉ régiment. Le tout s'élève à 23.000 hommes.

RÉGIMENTS QUI FERONT PARTIE DU CAMP :

Infanterie de Ligne.			*Infanterie légère.*		
16ᵉ	en garnison à	Saint-Omer.	5ᵉ	en garnison à	Sedan.
20ᵉ	—	Paris.	8ᵉ	—	Givet.
33ᵉ	—	Reims.	14ᵉ	—	Verdun.
51ᵉ	—	Douai.	19ᵉ	—	Strasbourg.
53ᵉ	—	Lille.			
54ᵉ	—	Lille.			
56ᵉ	—	Paris.			
65ᵉ	—	Nancy.			

Cavalerie :

1ᵉʳ carabiniers,	en garnison à	Verdun.
1ᵉʳ cuirassiers	—	Nancy.
5ᵉ	—	Toul.
1ᵉʳ dragons	—	Melun.
5ᵉ	—	Compiègne.
3ᵉ lanciers	—	Thionville.
4ᵉ chasseurs	—	Sedan.
8ᵉ	—	Beauvais.
4ᵉ hussards	—	Fontainebleau.

sa spécialité qui s'est conservée jusqu'à nos jours, et il est aujourd'hui admis de dire que les brioches se font chez les frères Jolly, les gâteaux aux amandes chez Cochelin, les gâteaux au chaudron ainsi que les pâtés chez Cléret [1].

Après cette nomenclature, il ne serait pas juste de passer sous silence le dernier représentant d'un type qui tend à disparaître complètement et qui nous rappelle une époque pleine de poésie et de naïveté. Nous voulons parler de l'oublieur Bonvalet déambulant par les rues et carrefours de la ville, suivi par les regards de convoitise des enfants et lançant à tous les échos sa joyeuse chanson :

> Les petits papas, les petites mamans,
> Régalez vos enfants, mesdames,
> Voilà le plaisir !!

Il est tout-à-fait moyen-âgeux lorsque le corbillon sur le dos, agitant sa claquette, il débite ses corniaux par paquets de cinq ou les fait tirer à l'aide du *tourne-vire*. C'est pourquoi, tout en lui accordant une mention particulière, nous ne pouvions mieux faire que de le comprendre dans cette étude et de la terminer par lui.

[1] En 1827, un nommé Naderman était établi pâtissier-traiteur en face la boucherie Pigeaux ; son fils était aussi pâtissier, place de l'Hôtel-de-Ville, dans la maison occupée aujourd'hui par M. Guinard, armurier.
En 1850, un nommé Masse était pâtissier, place du Change, en face la boucherie Roussin.

LES BOUCHERS

DE COMPIÈGNE

PREMIÈRE PARTIE

Les bouchers étaient la plus ancienne et la plus importante corporation de la ville. Ils avaient, comme les autres métiers, des règlements et privilèges qui paraissent avoir été enregistrés au seizième siècle, une administration, un drapeau, des armoiries et des cérémonies spéciales. Un tribunal privé, composé d'élus ou d'*égards*, choisis tous les ans, jugeait en premier ressort les différends qui pouvaient survenir entre les membres de la communauté. Il fallait, pour en faire partie, passer par la maîtrise qui ne s'obtenait qu'au bout d'un certain nombre d'années d'apprentissage, après avoir justifié de sa capacité et avoir été visité par un chirurgien, afin de savoir si l'on possédait la condition indispensable, c'est-à-dire être sain de corps. Lorsque le postulant était admis, il versait, non seulement entre les mains des *égards* une somme fixe, mais il était

encore tenu de fêter avec eux sa bienvenue par plusieurs
repas qu'il payait de ses deniers[1]. Dans ces joyeuses
réceptions on buvait de larges rasades à la prospérité
du nouveau maître qui ne pouvait moins faire que de
mettre fortement à contribution la cave de l'hôtelier. Le
bureau de la corporation se trouvant presque toujours dans
une hôtellerie[2], l'intérêt de celle-ci était de ne pas laisser
perdre les bonnes traditions et elle n'avait garde d'y
manquer. La maîtrise se transmettait de père en fils et restait
indéfiniment dans la famille, la veuve même pouvait
continuer à exercer le métier de son mari.

Le commerce des viandes, destinées à la consommation,
se faisait autrefois dans la rue des *Boucheries*[3], ainsi
appelée à cause d'une halle qui se trouvait au coin de cette

[1] Mardi 16 juin 1722. Contre Jacques Leclerc, Noël Déjardin et
le nommé Boullanger, gardes serruriers. Ceux-ci soutiennent n'avoir
reçu que la somme de 80 livres pour la réception du nommé Fauvel,
en la maîtrise de serrurier, au lieu de 140 livres qui a été dépensée
en repas avec ledit Fauvel et la communauté. Le Procureur du
Roi a maintenu qu'il ne leur était dû que 20 livres. Il fut ordonné
qu'il justifierait son affirmation à une prochaine audience.
Audience du mardi 7 juillet 1722 : Nicolas Fauvel, serrurier, dit
avoir payé aux « égards » de sa communauté la somme de
80 livres comptant et qu'il lui a encore coûté 40 livres ou environ en
plusieurs petites dépenses de bouche par lui faites avec lesdits
« égards » à l'occasion de sa réception en la maîtrise des serruriers.
Qu'il était convenu, avec ladite communauté, de 80 livres pour
être reçu à la dite maîtrise.

[2] Les marchands bonnetiers avaient le siège de leur communauté,
en 1720, à l'Hôtellerie du Cygne et, en 1722, à l'Hôtellerie
des Trois-Barbeaux.
Les marchands merciers avaient le leur à l'Hôtellerie des Trois-
Pucelles, en 1729.
Le siège de la communauté des barbiers était rue du Clos-Bazile.

[3] Dans la rue des Boucheries existaient encore à cette époque,
les deux maisons suivantes : celle de maître Jean le Cangeur, qui
devait 7 deniers de cens, et celle de Pierre Leroy, qui devait 2 deniers
de cens aux religieux du couvent de Royallieu.

rue et de la place du *Petit-Change*, tenant en 1312, d'un
côté sur cette place, à la maison de Thomas de Coudun
et de l'autre sur la rue, à la maison de Jeanne, femme
de Robert de Ramerue.

C'est sous cette halle [1] que les bouchers débitaient leurs
bestiaux et en vendaient au public les morceaux en les
étalant sur des tables en bois appelées *étaux*, qui étaient
disposées de chaque côté d'une allée transversale à droite
et à gauche de la grande porte d'entrée donnant sur le
Petit-Change.

Les étaux, en 1312, étaient nombreux et payaient aux
religieux de l'abbaye de Royallieu un droit seigneurial,
en raison de leur importance et de leur valeur locative.
Il y avait l'*étal à char*, comme on disait alors, de Jean
Béthisy qui, auparavant, appartenait à Clerc Génegot ;
celui de Guiars Clerc, de Baudouin le Boucher pour les
quatre parties d'un étal ; de Jean de la Chaune, qui
possédait la moitié du premier étal, et de Pierre Grant à
qui appartenait l'autre moitié. (Ce partage subsista jusqu'en 1718, époque à laquelle l'étal échut à un seul
propriétaire.) Celui de la femme Girard Compère, de
Philippe Paillet, qui n'en possédait que la sixième partie ;
de la Table-Dieu, qui appartenait auparavant à Valier, de
Laon. Cet étal était le plus important de tous ceux
de la *Boucherie* et payait à l'abbaye de Royallieu un
cens de cinq sols, alors que les autres ne payaient, au
plus, que douze deniers. Il y avait encore celui de Jeanne
de Chartres, de Baudoin le Boucher qui possédait déjà
les quatre parties d'un autre ; de Jean Gemmart ; de Jean
Halecourt, venant d'Aelis Compère ; de Jean Lescrivain,
venant de Jean Bougy ; de Collars de Builly ; de
Collars Lescrivain ; celui des Dames religieuses de
Saint-Nicolas-au-Pont (le meilleur après celui de la Table-

---

[1] Aujourd'hui, cette maison appartient à M. Duvivier et est
actuellement occupée par un magasin de confections.

Dieu, puisqu'il payait un cens de trois sols) ; d'Aubert
Ferry qui en possédait deux pour sa part et pour lesquels
il payait deux sols et douze deniers de cens ; de Jean
de Marchières, l'aîné ; de Jacques Pételoc ; de la femme
de Jean de Chambaudon, pour un sixième seulement ; de
Remy Bougy ; les deux étaux de Pierre Fétoc, et, enfin,
celui de Vuillaume le Boucher. A cette époque les bouchers
ainsi que les pâtissiers étaient exempts du guet, à condition
de payer annuellement 30 sous de redevance.

Tout en respectant les privilèges de la corporation,
le roi Philippe-Auguste concéda, au mois de mars 1312,
trois étaux de boucherie aux maire et échevins de la ville,
moyennant une redevance annuelle. Ceux-ci, à leur tour,
les louèrent aux bouchers et bénéficièrent de beaucoup
sur la redevance.

A côté de la *Boucherie* se trouvait une *Tuerie* où se
faisait l'abatage des animaux et dans laquelle les bouchers
étaient obligés de conduire leurs bestiaux sous peine
d'amende. De cette façon, le contrôle des viandes était
plus facile, et il était impossible d'amener des bêtes
malades ou malsaines dont le débit n'était pas autorisé
si elles étaient reconnues telles après le dépeçage. Il en
était de même pour la *Boucherie* où la vente était obligatoire,
celle-ci étant expressément interdite aux étaliers dans
leurs maisons. Surveillés par l'autorité royale, les bouchers
ne pouvaient vendre que de bonnes viandes fraîches à
un taux raisonnable [1]. Mais il n'y avait dans leurs étaux,
ni pesons, romaines ou balances comme au xviiie siècle,
la viande se vendait alors au juger. On achetait la viande à
la taille en marquant des coches sur une taille de bois
comme on le fait encore chez les boulangers.

---

[1] Défenses aux bouchers, charcutiers, rôtisseurs, pâtissiers et autres
d'exposer en vente, ni garder en leurs maisons aucunes viandes,
volaille, ni gibier passés ou corrompus à peine de 20 livres d'amende.
(Règlement de police de 1754).

Les charcutiers étaient assimilés aux bouchers, mais ils n'avaient pas, comme eux, d'étaux dans une halle centrale, et vendaient dans leurs maisons exclusivement la viande de porc cuit. Leurs statuts dataient de 1475 et leur défendaient d'en faire commerce pendant « le saint temps du Carême. » Ils remplaçaient alors la viande du porc salé par celle du hareng salé et du poisson de mer. Ils étaient tenus d'acheter leur porc aux bouchers et obligés de passer par leur intermédiaire onéreux. Ce n'est que beaucoup plus tard qu'ils s'affranchirent de cette tutelle et s'adressèrent directement aux éleveurs. Sous Louis XI il y avait des *saucisseurs* et des *chaircuitiers*. Ceux-ci ne pouvaient acheter aucuns porcs « qu'ils ne soient loyaux et marchands et qu'ils n'aient été visités par le *languéyeur*, lequel « ne pourra faire aucun commerce en gros ni en détail. » Ce préposé était chargé de visiter les porcs pour s'assurer s'ils n'étaient pas atteints de *ladrerie* ; c'était par l'examen de la langue qu'il jugeait l'état de l'animal, de là le nom donné à l'employé[1]. Il était défendu de tuer aucun porc depuis Pâques jusqu'à la saint Remy. Par une ordonnance de 1507, pour éviter la peste, il fut fait défense d'avoir « pourceaux dans la ville et ordre de les faire partir sous 24 heures à peine de confiscation et d'amende arbitraire. » Un règlement général de police de 1754 dit que les viandes de porcs soursemés seront vendues dans un autre lieu que celui où se vendent les porcs non soursemés.

En 1406, la ville procéda à la relocation d'un des trois étaux qu'elle tenait de la munificence du roi Philippe-Auguste.

En 1430, les principaux étaux de la *Boucherie* étaient occupés par Godart, demeurant en la rue *au Sac* ; par Flourens, logé rue des *Boucheries* ; par Guillot, habitant rue *Saint Antoine* ; par Jean Priolet, Raoul le Bouchier et

---

[1] *Tablettes d'Histoire locale*, par E. Coët, 4e vol. p. 146.

Jehan Langelé. Ce dernier, dont la femme avait eu le courage de faire partie de la députation féminine envoyée, le 19 mars 1423, vers le duc de Bedford, pour demander la grâce de la ville, tenait, en 1456, sa vie durant, et moyennant seize sols parisis par an, le dernier étal de la *Boucherie* [1].

Raoul Thibault [2] en tenait le premier étal, moyennant une redevance annuelle de quinze sols parisis. Il avait acheté l'hôtel du *Bœuf* à Nicolas Lorens, il possédait encore la maison du *Cygne*, qui lui venait de sa femme, et avait quarante sols parisis de surcens sur la maison de Pierre d'Ailly, *aux Changes*, qu'on appelait l'hôtel *des Croissants*.

Jehan Legrand [3] occupait aussi un des étaux. Il habitait la rue aux *Bouchers*, tout près de la *Boulangerie* qui, de même que la *Boucherie*, touchait par derrière à l'hôtel *des Rats*, alors occupé par Jehan de Sarry.

En 1491, le conduit qui se trouvait au-dessous de la *Boucherie* était tellement obstrué par les résidus et le sang provenant de la *Tuerie*, que la ville fut obligée de le faire nettoyer. Mais cette opération ne pouvait pas assainir le quartier, toujours infecté par les mauvaises odeurs qui, jointes à l'étroitesse de la rue, puisqu'elle était quelquefois appelée ruelle, rendaient la rue des *Boucheries* inhabitable. Aussi la *Tuerie* fut supprimée au commencement du seizième siècle et reportée dans un bâtiment situé place du *Change*,

[1] Jehan Langelé tenait, en 1456, la ferme du tonlieu, des draps pour chausses et payait à la ville un droit de huit livres parisis par an.
Reçu de Jehan Langelé, boucher, qui tient, à sa vie, le derrenier estal de la Boucherie appartenant à ladite ville parmy XVI. s. p. pour an.

[2] Reçu de Raoul Thibault, ayant le droict de Nicolas Lorens pour l'Ostel du Bœuf......................   1 d.
Reçu de Raoul Thibault, à cause de sa femme pour sa maison du Cynne................   VII. s. et II chapons.

[3] Reçu de Jehan Legrand pour sa maison en la rue aux Bouchers......................   I d. VI m.

où il y avait plus d'air et d'espace, au grand désappointe-
ment des voisins que cette installation offusquait.

En 1627, la corporation comptait vingt-quatre maîtres
bouchers et un serviteur, dont les étaux, très resserrés
les uns des autres, étaient placés douze du côté droit et
douze du côté gauche de l'allée principale. Les acheteurs
préféraient tel étal à tel autre, à cause de sa situation favorable ou à cause de son achalandage. Le premier étal à
droite, en entrant dans la *Boucherie* par la place du *Petit-
Change*, était surtout le plus fréquenté et le plus recherché.
Il était tenu, en 1645, par Jean Duclerc, qui avait comme
principaux confrères : Jean Cirot et Françoise Cailleu, sa
femme, Pierre Cirot, mari de Jeanne Bray, Jacques Chouar
et Marie Langlet, sa femme, Robert Lescaille, Corneille
Chouart, Pierre Langlois et Jean Poitre, mari de Jeanne
Boulanger.

La *Tuerie* ne resta pas longtemps sur la place du Change.
Les habitants du quartier, troublés dans leur tranquillité
par les cris des victimes, incommodés par les odeurs
pestilentielles de cet établissement malsain, se plaignirent
si vivement à l'Échevinage, qu'en 1659, il fut interdit et
remplacé par un autre, situé à l'entrée du pont. Mais, là
encore, de nouveaux et graves inconvénients se produi-
sirent ; non seulement la nouvelle *Tuerie* obstruait le
passage, mais encore le sang des animaux tués et les
résidus de toute espèce jetés dans la rivière dégageaient
pendant l'été, au moment des basses eaux, une odeur épou-
vantable dans tout le voisinage.

En même temps que la *Tuerie*[1], on construisit tout à
côté, sur le pont lui-même, et près de l'hôtel *Saint-André*,
une seconde *Boucherie*, espèce de succursale de celle du
Change, où furent installés plusieurs étaux, afin de dégager

---

[1] Le 18 septembre 1678, il a été fait devant Picart, notaire
à Compiègne, un marché pour des réparations à la Tuerie. Le prix
stipulé était de 35 livres.

la première, où les bouchers se trouvaient trop à l'étroit.
En effet, la halle primitive ne pouvait tout au plus contenir
que seize étaux, alors qu'il en existait vingt-quatre. Ce
chiffre de seize ne fut jamais dépassé et subsista tout le
temps que dura la *Boucherie.*

La transmission de ces étaux s'opérait d'une façon très
régulière, par contrat passé devant notaires, moyennant le
paiement une fois fait d'une certaine somme ou d'une rente
en argent rachetable et d'une redevance en nature en plus.

La moitié du premier étal, à droite en entrant par le
Petit-Change et touchant à la maison de M. François
Charmolue, était devenue la propriété de Jérôme Carbon
qui avait épousé Marguerite Blandin. Au décès de son mari,
celle-ci, quelques années après, convola en secondes noces
avec Joseph-Philippe Méthellet, praticien, qui, le 14 mars
1690, par devant Henri de Billy et Claude Picart, notaires,
vendit ladite moitié d'étal à Pierre Poitre, marchand boucher, et Antoinette Oblet, sa femme.

L'autre moitié appartenait déjà, depuis trois ou quatre
ans, au nouvel acquéreur, qui l'avait achetée, disait-il,
à M. Jean Coustant, bourgeois de Compiègne, et qui
l'occupait depuis vingt ans. Cette prétendue propriété du
sieur Poitre fut contestée par Méthellet, qui revendiqua
la totalité de l'étal et protesta contre cette fausse déclaration en réservant tous ses droits. La vente fut consentie
moyennant treize livres de rente, remboursable au denier
vingt, et à la charge, par l'acquéreur, de payer à la ville
six sols parisis de cens par an, moitié de douze sols parisis
pour la totalité de l'étal.

Celui-ci, ainsi que tous ceux contenus dans la *Boucherie*
relevait du fief de *la Bourse-du-Roy*, et comme tel devait
quinze deniers de cens au seigneur dudit fief, Théophile
Rossel, conseiller et aumônier du Roi, prieur du prieuré
de Saint-Louis de Royallieu, transféré à Saint-Jean-aux-
Bois. La saisine fut donnée le 4 novembre 1690 à Pierre

Poitre, après qu'il eut versé les deux tiers des droits seigneuriaux [1].

Trois ans après, le maître boucher, ayant fait fortune, se retira des affaires et s'en vint habiter le village de Royallieu, après avoir cédé l'étal à son frère, Claude Poitre, et Barbe Lallemand, sa femme. Ils demeuraient dans une maison qu'ils venaient d'acheter rue des Cordeliers, tenant d'un côté à maître Jacques Thibault et de l'autre à maître Antoine Delavallée et par derrière au sieur Gaya. Mais ayant besoin d'argent pour payer l'achat de leur maison, ils vendirent et constituèrent, le 23 juillet 1694, une rente de vingt livres à maître Simon Vestu, greffier en chef de la maréchaussée de l'Ile-de-France, moyennant la somme de quatre cents livres. Pour garantir le paiement de cette rente, hypothèque fut prise sur la maison et Pierre Poitre servit de caution à son frère.

Son mari étant décédé, Antoinette Oblet entra comme pensionnaire au couvent de l'abbaye de Royallieu et, le 17 mai 1702, fut obligée de payer à Louise Léré, veuve de Simon Vestu, la rente de vingt livres, au lieu et place de son beau-frère, qui n'avait pas réussi dans son commerce.

Il avait marié sa fille, Marie-Angélique Poitre, à Jean Gouverneur, marchand boucher, qui reprit la suite de ses affaires et acheta l'étal de sa tante, moyennant le paiement de la rente de vingt livres due à Louise Léré.

A cette époque, Antoine Lescaille tenait le second étal à main droite. Il habitait, tout à côté, l'ancienne maison de François Charmolue, qui appartenait alors à Pierre Vuaroquier, huissier royal, et pour laquelle il payait un loyer annuel de 90 livres.

Après la mort d'Antoinette Oblet, dont ils recueillirent la succession, Jean Gouverneur et sa femme passèrent,

[1] Tous les documents concernant la transmission des étaux nous ont été communiqués par M. Eugène Mauprivez, membre de la Société historique de Compiègne.

le 3 août 1711, titre nouvel et reconnaissance des susdites
vingt livres de rente au profit d'Augustin Boullé, officier
de la feue Reine et héritier de défunte Louise Léré.

Tout réussissait aux deux époux et ils voyaient leur
commerce prospérer, lorsque la fatalité s'abattit sur eux.
Jean Gouverneur tomba gravement malade et mourut en
1713, laissant à la tête de sa maison une femme inexpé-
rimentée et qui ne pouvait que la faire péricliter. C'est
ce qui arriva au bout de quelques années. Marie Poitre
ne pouvait plus faire face à ses engagements, les dettes
s'accumulaient de plus en plus ; il lui était tout à fait
impossible de payer le loyer de la maison qu'elle habitait,
et dont elle devait à la propriétaire, Christine Duhamel,
veuve de Louis Poitre, six années à 120 livres ; elle devait,
en plus, 13 livres au praticien Méthellet et 20 livres à
Augustin Boullé pour la rente de son étal. Acculée à la
faillite, elle abandonna sa maison, son commerce, et quitta
Compiègne. Pour liquider sa situation, on fut obligé, le
11 août 1717, de vendre tous ses meubles sur la place
du Change et sur le Marché-au-Bled.

Le titulaire des vingt livres de rente n'étant plus payé
de sa créance, fit saisir par exploit du 5 janvier 1718,
entre les mains de Jacques Chouart, qui en était détenteur,
l'étal appartenant à la veuve de Jean Gouverneur, afin de
procéder à sa mise en vente. Mais les héritiers de Pierre
Léguillier [1] et de Madeleine Carbon, c'est-à-dire Alexandre
Leroux et Antoine Paterre le jeune, tous deux marchands,
intervinrent à leur tour, comme créanciers des 13 livres
de rente dues pour la moitié de l'étal provenant de la
succession de Joseph-Philippe Méthellet. Ils s'empressèrent,
le 25 avril suivant, de payer deux années d'arrérages de

---

[1] Tous les deux, gendres de Pierre Léguillier. Alexandre Leroux,
directeur des coches, carrosses et voitures publiques à Compiègne,
avait épousé Marie-Magdeleine Léguillier, et Antoine Paterre,
Marie-Jeanne Léguillier.

la rente de 20 livres réclamées par Augustin Boullé et
s'obligèrent à la lui payer à l'avenir. Moyennant quoi,
celui-ci consentit un acte de subrogation en leur faveur et
les mit en possession définitive de sa moitié du premier étal
qui, après plus de quatre siècles de partage, appartint
enfin à un seul propriétaire.

La saisine avait été donnée à tort par la ville, le 20 mars
1726, et il avait été perçu de ce chef la somme de 24 livres,
mais l'abbaye de Royallieu revendiqua ses droits de
seigneur du fief de la *Bourse - du - Roy* ; les pourparlers
durèrent longtemps et menaçaient de s'éterniser, lorsqu'une
transaction intervint et, le 10 juin 1757, Françoise Paris de
Soulange, abbesse de Royallieu, donna nouvelle saisine,
déclarant nulle celle délivrée par la ville, et se fit rendre
les 24 livres indûment perçues.

Les nouveaux propriétaires, le 27 juin 1718, louèrent
pour cinq années leur étal à Jacques Chouart, moyennant
la somme de 45 livres par an et une longe de veau [1] du
poids de sept livres, à donner gratis tous les ans, la veille
de Pâques.

Le 6 juillet 1741, les bouchers se disputèrent cet étal [2],
qui subit une augmentation considérable de loyer. Il fut
repris, pour neuf années, par Marin Hennon et Marie-Anne
Portebled, son épouse, moyennant le prix de cent livres et
une longe de veau par chacun an. La vogue s'attachait à
cette place, la plus favorable de toute la *Boucherie*, et
Augustin Boullé devait regretter de s'être si légèrement
dessaisi de ses droits sur l'étal en question. Marin Hennon
étant décédé, sa veuve se remaria avec un autre maître
boucher, Nicolas Leroy, qui continua le bail commencé.

[1] La longe de veau se compose d'un morceau de la cuisse et du
rognon.

[2] Il tenait, à cette époque, sur le Petit-Change d'un côté, d'autre
à Jacques Langlet, d'un bout par devant en entrant dans la Boucherie
à main droite, et d'autre par derrière à Mme Duchaussy-Ducoudray.

Mais les affaires ne répondaient pas au prix exagéré du loyer et la vogue, si changeante, ne s'était pas maintenue, car au renouvellement de la location, en 1760, Nicolas Leroy ne consentit plus à payer que la somme de quarante livres, ainsi que la traditionnelle longe de veau. C'était une excellente affaire pour le preneur, qui avait su profiter du défaut de concurrents, ses confrères conservant leurs étaux respectifs, ou leurs baux n'étant pas encore arrivés à expiration.

Mais le 22 mars 1769, les propriétaires, qui étaient alors Gabriel-Victor Scellier, marchand de draps, bourgeois de Compiègne ; Madeleine Paterre, son épouse, et M¹ Charles-Marie Paterre, docteur de Sorbonne, son beau-frère, se rattrapèrent amplement de la perte subie sur leur étal, qui fut reloué dans des conditions exceptionnelles. Nicolas Leroy n'ayant pu se résigner à mettre le prix offert par un autre boucher, fut dépossédé par Antoine Gruny [1] et Marie-Catherine Boucher, sa femme. La redevance annuelle se montait, cette fois, à la somme de 120 livres, et au lieu d'une longe de veau il en était exigé deux. En outre, comme si ces conditions étaient encore insuffisantes « les preneurs s'obligèrent de livrer aux bailleurs, au jour de Pâques prochain, à chacun d'eux une longe de veau pour pot de vin du présent bail. »

Après cet historique du plus important étal de la *Boucherie*, il nous reste à faire celui d'un étal ordinaire. Les détails en sont tout aussi curieux, les prix de location subissent les mêmes mouvements de hausse ou de baisse selon les circonstances plus ou moins défavorables, mais les écarts sont bien moins sensibles que dans l'étal précédent à cause de sa situation peu enviée.

Celui-ci situé le deuxième entrant en *la main senestre* et de la longueur de six pieds, appartenait à Jacques Pluyette, conseiller du Roi, lieutenant criminel de robe courte et

---

[1] Antoine Gruny demeurait Tour des Corbeaux.

damoiselle Suzanne Picart, sa femme. Après eux il devint
la propriété de leur fille Charlotte Picart, épouse de Claude
Baudin, chef de gobelet du Roi, demeurant à Compiègne.
Le 8 mars 1704, par contrat devant Maximilien Copin et
Antoine-François Thibault, notaires, il fut vendu à Jean
Portebled, marchand boucher, et Marie Cirot, sa femme,
moyennant « la somme de trente livres d'argent et une
longe de veau tournois de rente annuelle et perpétuelle,
remboursable de six cents livres au denier vingt. » A la
charge aussi par les preneurs de payer par chacun an, les
cens et charges seigneuriales dues au seigneur abbé et
prieur de Saint-Jean-aux-Bois, et d'acquitter annuellement
les 11 sols de surcens dont ledit étal est chargé envers les
religieux de Saint-Corneille de Compiègne. Claude Baudin
avait marié sa fille Suzanne Baudin à Antoine-François
Charmolue, conseiller du Roi et son procureur au grenier
à sel. Il habitait sur la place du *Petit-Change* une maison
lui appartenant et située contre la *Boucherie*. Lorsque son
beau-père mourut, il hérita de l'étal et de la rente de
30 livres, mais il n'en eut pas longtemps la jouissance, car
le 6 octobre 1720, Jean Portebled, l'aîné, lui remboursa la
rente et la longe de veau en lui versant six cents livres
en six billets de cent livres de la banque royale. Ce boucher
prospérait et allait bientôt se retirer des affaires. Comme
il n'avait plus besoin de son étal, il le vendit le 25 mars
1722, à Henri Garanger, marchand mercier, à réméré, pour
dix ans, moyennant le versement immédiat de 600 livres.
A cette date, l'étal en question tenait d'un côté à celui du
nommé Véron, vannier, d'autre à celui de la veuve Jugneau,
d'un bout par derrière à la rue des *Boucheries* et d'autre
par devant à celui d'Antoine Lescaille.

La saisine fut donnée, le 6 mars 1735, par Jeanne-
Gabrielle de Grimaldy, abbesse de Royallieu, à la charge
par l'acquéreur de payer par chacun an quinze deniers de
cens en l'*Hôtel du Paon*, chef-lieu du fief *de la Bourse
du Roy.*

Déjà, en 1709, Henri Garanger[1] avait eu des démêlés
avec le beau-père de Jean Portebled, Jean Cirot, marchand
boucher. Le 24 avril de la même année, il avait fait marché
avec lui de tous les suifs que celui-ci pourrait faire, moyennant 24 livres le cent en branche et livre, à la coutume du
lieu, à commencer à livrer au jour du traité, pour finir au
Carême prochain. Sur ce marché, Garanger avait avancé
à Cirot une somme de 170 livres et malgré cela depuis ce
temps, il n'avait encore été fourni que pour 70 livres de suif.
Comme le maître boucher était en retard dans sa livraison et
qu'il refusait d'exécuter le traité, il fut cité à comparaître
devant MM. les Juges et Consuls à l'audience du mardi
8 juillet 1710, pour se voir condamner par corps à fournir
tout le suif qu'il ferait jusqu'au Carême prochain, sinon à
rembourser les 100 livres avancées. Par suite du jugement
rendu ledit jour en sa faveur, Garanger adressa, le
10 décembre 1710, une requête à M. le Prévôt de
Compiègne, à l'effet d'avoir un privilège sur la vente de la
maison appartenant à Jean Cirot, sise rue des *Boucheries*, et
de son étal, afin d'être payé des 100 livres lui restant dues.

Cinq jours après l'achat de l'étal de Jean Portebled, Henri
Garanger le loua, pour neuf années à Jean Dîée, moyennant
trente livres de rente et une longe de veau. Quelques
années après, il quitta Compiègne pour aller habiter Tracy-
le-Mont, son pays natal, où il exerça le métier de laboureur. Sa sœur Marie-Louise Garanger avait épousé un
cultivateur de l'endroit, Nicolas Poittevin.

Le 11 mars 1735, il renouvela le bail de son étal pour
neuf autres années, avec Jacques Portebled le jeune, au prix
de 50 livres de loyer. C'était une augmentation assez sensible malgré la disparition de la longe de veau dont il n'était
plus fait mention sur le contrat. Mais Garanger n'eût pas
le plaisir de voir la fin de cette location et de traiter à
nouveau, ce fut sa sœur qui, le 1er juin 1748, loua l'étal,

[1] Document communiqué par M. Eugène Mauprivez.

dont elle avait hérité, à Charles Langlois, sur le pied de
30 livres par an, mais pour cinq années seulement.

Le 24 mars 1769, le fils de Marie-Louise Garanger,
Jacques-Nicolas Poittevin, bourgeois, demeurant à Tracy-
le-Mont, ayant perdu sa mère, loua pour neuf années l'étal [1]
susdit à Paul Lecas et Marie-Anne Dervillé, sa femme,
moyennant cinquante livres par an, abstraction faite de la
fameuse longe de veau.

Nous terminons cette nomenclature par un troisième étal
situé le quatrième [2] à droite en entrant, du côté de *l'Hôtel
des Rats*, tenant d'un côté à Jean Fontaine et d'autre à
Jacques Langlois. Il appartenait à Christine Duhamel, veuve
en premières noces du père de Jean Gouverneur et en
secondes noces de Louis Poitre. Celle-ci, à son décès, le
laissa en héritage à sa nièce, marie Ducrocq, femme de Jean
de Crouy, marchand de vin à Compiègne, qui le vendit le
19 mai 1720, à Joseph Portebled, maître boucher, et Marie-
Jeanne Souplet, sa femme. L'acquéreur était tenu de payer
des dommages et intérêts à Jacques Portebled, qui tenait
alors l'étal et qui avait encore trois années de bail à faire.
La vente était conclue moyennant le prix de sept cents
livres « outre vingt livres dépensées aux vins du présent
marché et trente livres pour les espingles de la venderesse. »

La saisine fut donnée le 7 août 1720 par sœur Louise-
Isabelle de la Chaussée-d'Eu, abbesse de Royallieu, en
présence de Melchior Dumont, bourgeois de Compiègne, et
de Jean Adam, de Royallieu.

Depuis longtemps les étaliers se plaignaient d'être non
seulement exposés à la pluie et aux intempéries des saisons,
mais encore de n'être plus en sûreté dans le vieux bâtiment

---

[1] A cette date, il tenait d'un côté à l'étal des sieurs Véron,
Poulletier et autres, d'autre aux héritiers de François Dumont.

[2] Le quatrième étal à gauche en entrant fut loué le 28 juillet 1687,
devant Picart, notaire à Compiègne, moyennant 10 livres de loyer
annuel.

de la Boucherie [1] qui menaçait ruine de toutes parts.
Déjà, le règlement général de police de 1754 avait enjoint
« à tous les propriétaires des étaux de les réparer et mettre
en bon état au plus tard en dedans quinze jours d'hui, pour
toutes préfixions et délai, et la couverture entretenue, de
manière que les étaux et places de ladite Boucherie soient
à l'abri des pluies et autres injures du temps, sous peine
de réunion de la propriété desdits étaux et places au
domaine de cette ville qui, au moyen de ce, y fera faire les
réparations convenables. »

Le 3 avril 1755, il fut décidé de la démolir entièrement
et de la reconstruire d'après un des deux plans faits par le
sieur Jean-Marie Gabriel, bourgeois de Compiègne. Léonard
Pérint et Philippe Leclère, tous deux entrepreneurs de
bâtiments, furent nommés d'office comme experts par le
maire et le lieutenant-général de police de la ville, à l'effet
de dresser un devis estimatif des travaux à effectuer. Le
devis se monta à la somme de 2,615 francs. Ensuite, le
24 avril suivant, on se hâta, à cause de la proximité du
voyage du Roi, de procéder à l'adjudication au rabais des
travaux de démolition et de reconstruction de la *Boucherie.*
Ce fut à l'Hôtel de Ville qu'eut lieu la séance présidée par
Louis-Marie Lévesque, maire, assisté de deux échevins,
Jean-François de Billy, avocat au Parlement, et Nicolas
Pinson, marchand.

Étaient présents tous les propriétaires des étaux, les
religieux de Saint-Corneille, les dames de l'abbaye de
Royallieu, ainsi que Marie-Anne du Chaussy du Coudray,
voisine de la *Boucherie.* Après plusieurs rabais successifs [2],
dont le premier se montait à la somme de 3,500 livres,

---

[1] Tous les documents concernant le bâtiment de la Boucherie et sa
vente nous ont été communiqués par M. Eugène Mauprivez.

[2] Rabaissé par Jean Rivière aîné, me maçon, à..... 3.500 livres.
  »   Louis Péret, me charpentier......... 3.200 —
  »   Antoine Hotte, dit Larue, me plâtrier. 3.000 —

Maison des Dames Religieuses de l'Abbaye de Royallieu.

- - - 15 pieds 9 pouces - - -

Porte latérale

 8    8

Porte latérale

 7    7

Porte latérale

 6   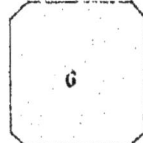 6

Porte latérale

 5   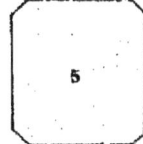 5

Porte latérale

 4    4

Porte latérale

 3    3

Porte latérale

 2    2

Porte latérale

 1    1

Porte d'entrée principale

A   B

- - 14 pieds 10 pouces - -

RUE DES BOUCHERIES.

Le terrain contient le verger environ.

Hôtel des Rats.

Maison de la Dame Duchaussoy du Coudray.

PLACE DU PETIT CHANGE

PLAN de la BOUCHERIE de COMPIÈGNE en 1760

PROPRIÉTAIRES DES ÉTAUX EN 1780.

A

1 Pierre Poulletier, Louis Bruyant et Jean-Didier Reacus.
2 Marie-Louise Ouvrenger, Vuve de Jean-Baptiste Villevin.
3 Marie-Catherine Coquelaire, Vuve de François Thémont.
4 Jacques Portebleat, l'aîné.
5 Marie-Anne Blesson, Vuve de Jacques Portebled, le jeune.
6 Charles Lilbruere.
7 Jean-Marie Gabriel.
8 Antoine-François de Sielle de Bonnay.

B

1 Alexandre Kerreux et Gabriel-Antoine-Victor Sivillier.
2 Lepelletier de Crepy de Villers et Dupassage.
3 Jacques Langlois dit Jacquin.
4 Marie-Jeanne Cologne, fille.
5 Marguerite, Marie-Jeanne et Marie-Louise Bourlon.
6 Pierre Portebled.
7 Pierre Portebled.
8 Pierre Portebled.

ÉCHELLE
de ⅓ de millimètre pour pouce.

François Dumont, maître charpentier, fut déclaré adjudicataire des travaux au prix de 1,800 livres.

Il fut en outre ordonné, le 10 juin 1755, par MM. les
Trésoriers de France, que cette somme serait répartie à
égale portion sur les seize étaux de la *Boucherie* et que
les propriétaires de ces étaux seraient tenus, dans les trois
mois de la publication du rôle, de verser leur quote-part
entre les mains de l'adjudicataire.

Le même jour, il fut donné acte aux propriétaires indivis
du cinquième étal à main droite, c'est-à-dire Marguerite
Bourlon, veuve en dernières noces de Nicolas Milleville,
marchand mercier et épicier, Marie-Jeanne Bourlon,
veuve de Charles Wallet, maître tonnelier, et François
Pigot, époux de Marie-Louise Bourlon, de la déclaration
par eux faite qu'ils n'entendaient point contribuer à la
reconstruction de la *Boucherie* et qu'ils abandonnaient
leur part et portion dudit étal. En conséquence, celui-ci fut
réuni au domaine de l'Hôtel de Ville et les maires et
échevins furent autorisés à en disposer selon leur bon
plaisir, à la charge par eux d'en acquitter la taxe de reconstruction.

Les travaux commencèrent aussitôt et furent menés
rapidement, car les bouchers qui, au commencement de
l'année 1755, avaient été autorisés à vendre dans leurs
maisons à cause du mauvais état du bâtiment de la
Boucherie avaient hâte de réintégrer leurs étaux respectifs.

Par suite du nouvel alignement imposé par le grand
Voyer de la généralité de Paris, pour élargir la rue des
Boucheries [1], il avait fallu rentrer de cinq à six pieds sur

---

Rabaissé par François Dumont, m^e charpentier. ... 2,500 livres.
    »   Louis Leclère, m^e maçon............ 2,300 —
    »   François Dumont, m^e charpentier. ... 2,000 —
    »   François Dumont,   id.   ,... 1,800 —

[1] Ancienne Boucherie : 20 pieds 6 pouces de largeur du côté
de la place du Petit-Change et 21 pieds 10 pouces de largeur du côté

toute la largeur du bâtiment. Dans le bas, tout du long, il
avait été mis deux assises de pierres provenant du mont
Gannelon. Pour entrer aux étaux du côté de la rue des
Boucheries il avait été pratiqué huit baies de portes, la
dernière à l'extrémité de la halle, proche la maison des
religieuses de l'abbaye de Royallieu. Les portes [1] étaient
en bois de chêne à deux vantaux, ainsi que celle de la principale entrée du côté de la place du Petit-Change, et à
toutes il avait été posé des marches en pierre dure de Gannelon. Le sol étant élevé de 18 pouces plus haut que le pavé
de la place du Petit-Change, on fut obligé de le mettre au
même niveau et de faire transporter les terres à la voirie.
L'allée du milieu et les passages entre les étaux furent
pavés en grès, ce qui n'existait pas dans l'ancienne
construction. Et pour garantir des voitures le mur de face
du côté de la rue des Boucheries, quatre bornes de pierre
dure de Gannelon furent installées tout du long, de
distance en distance.

La nouvelle Boucherie était à peine terminée qu'un propriétaire d'étal, donnant le premier l'exemple, versa entre
les mains de l'adjudicataire sa cotisation, bien avant la
publication du rôle rendu exécutoire le 21 mars 1760.
La quittance délivrée en échange fut libellée en ces termes :

« Je soussigné, François Dumont, maître charpentier et
entrepreneur de bâtimens, demeurant à Compiègne [2],
adjudicataire de la reconstruction de la Boucherie dudit

de la maison appartenant aux religieuses de l'abbaye de Royallieu.
Longueur 50 pieds 6 pouces.

Nouvelle Boucherie : largeur du côté du Petit-Change, 14 pieds
10 pouces ; largeur du côté de la maison des religieuses de
Royallieu, 15 pieds 9 pouces. Longueur 50 pieds 6 pouces.

[1] Les baies de portes avaient 2 pieds et demi de largeur sur 6 pieds
de hauteur.

[2] Rue du Château.

Compiègne, par sentence du siège de la police dudit Compiègne, du 24 avril de l'année dernière 1755 et en conséquence de l'ordonnance de Nos Seigneurs les Présidents, Trésoriers de France, généraux des finances et grands Voyers de la généralité de Paris du dix juin de l'année dernière, reconnais avoir reçu du sieur Claude-Henry Garanger, officier de la maison du Roy, demeurant audit Compiègne, pour et en l'acquit de demoiselle Marie-Louise Garanger, sa sœur, veuve du sieur Jean-Baptiste Poittevin, de Tracy, propriétaire du second étal de ladite Boucherie, à main gauche en entrant par la porte du côté de la place du Change, la somme de cent dix-sept livres, onze sols, trois deniers, pour la seizième partie du prix principal de ladite adjudication [1], augmentations et frais de la dite ordonnance dudit jour dix juin de la dite année dernière mil sept cent cinquante-cinq, dont je la quitte pour sa part.

« Fait audit Compiègne, ce sept décembre mil sept cent cinquante-six.

françois Dumous

Les autres propriétaires d'étaux ne s'exécutèrent pas d'aussi bonne grâce. Il y avait eu plusieurs sujets de mécontentement à propos de la marche des travaux, certains froissements avec l'autorité royale, ainsi qu'avec l'échevinage, et déception au sujet de la reconstruction ; enfin une cabale s'était montée à la tête de laquelle étaient Jean-Marie Gabriel qui avait fourni les plans de la nouvelle *Boucherie* et Antoine-François de Sales de Pronnay, avocat en Parlement. La plupart refusaient absolument de payer

---

[1] L'adjudication se montait à 1871 livres avec les frais. (Document communiqué par M. Eugène Mauprivez).

leur cotisation et, à la date du 3 mai 1760 [1], neuf d'entre eux, représentant onze parts, ne s'étaient pas encore libérés.

A la requête de l'adjudicataire, un commandement leur fut signifié par l'huissier Godart Desmarest, ce qui eut pour résultat de faire rentrer quelques créances. Malgré tout, au 12 janvier 1765, les frais de reconstruction de la *Boucherie* n'étaient pas encore entièrement recouvrés [2], quatre des plus récalcitrants avaient tenu bon et se laissèrent de nouveau poursuivre à la requête, cette fois, de Louis

[1] C'étaient :

1° Jacques Langlois, dit Jacquin, marchand boucher, demeurant rue du Clos-Bazile, pour une part.

2° Jean-Louis Fontaine, marchand boucher, demeurant rue des Boucheries, pour une part.

3° Jacques Portebled, l'aîné, marchand boucher, demeurant rue des Boucheries pour une part.

4° Pierre Portebled, marchand boucher, demeurant rue du Clos-Bazile, pour trois parts.

5° Marie-Jeanne Cologne, fille majeure, demeurant rue de l'Etoile, pour une part.

6° Charles Labouré, bûcheron, demeurant au faubourg de la Porte-Chapelle pour une part.

7° Marie-Jeanne Bourlon, veuve de Charles Wallet, me tonnelier, demeurant rue et place du Change, pour une part.

8° Jean-Marie Gabriel, bourgeois de Compiègne, demeurant rue et proche la Porte-Chapelle, une part.

9° Antoine François de Sales de Pronnay, avocat, en Parlement, demeurant rue Saint-Antoine, une part.

[2] C'étaient :

1° Jacques Portebled, l'aîné, ci-devant marchand boucher, demeurant rue de la Porte-de-Paris, pour une part.

2° Marie-Jeanne Bourlon, veuve de Charles Wallet, me tonnelier, place du Change, une part.

3° Antoine-François de Salles de Pronnay, demeurant rue Saint-Antoine, pour une part.

4° Charles Labouré, bûcheron, demeurant au faubourg de la Porte-Chapelle, pour une part.

Dumont, aubergiste à Margny, curateur des deux fils mineurs de l'adjudicataire, son frère qui était décédé [1].

A la Révolution, le privilège de la vente à l'étal ayant été aboli, et les bouchers ayant la faculté de débiter chez eux leurs marchandises, le bâtiment de la *Boucherie* devint dès lors inutile et fut fermé. Sur ces entrefaites, les propriétaires du second étal en entrant à main droite [2], avaient émigré, c'étaient les sieurs Lepelletier de Crépy de Villers, et Dupassage, héritiers de Louis-Auguste Lepelletier et Marie-Jeanne-Françoise Maresse, leurs père et mère. La République confisqua leurs biens, ainsi que leur étal et, pour en tirer parti, les administrateurs du district de Compiègne, Raton et Boisset, accompagnés du citoyen Herbet, procureur syndic, procédèrent, le 11 brumaire an IV, à la vente du bâtiment et des étaux de la *Boucherie* [3].

L'adjudication fut faite au profit du citoyen Pierre-Simon-Antoine Debray, marchand, moyennant la somme de 39,500 livres en assignats. L'acquéreur versa, le 18 brumaire suivant, au receveur des domaines, la part revenant à la République pour le seizième provenant de l'émigré Lepelle-

---

[1] Commandement fait par Antoine Becquerel, huissier, demeurant rue des Lombards, à la requête de Augustin-Nicolas Dumont et Jacques-Philippe Dumont, fils mineurs émancipés d'âge suivant les lettres obtenues en la Chancellerie du Palais, à Paris, le 21 novembre dernier.

[2] En entrant par la grande porte donnant sur la place du Dix-Août.

[3] Il a été offert :

Par le citoyen Raguet..............	5.000	livres
— Debray.............	10,000	—
— Coquart	15,000	—
— Leroy..............	20,000	—
— Debray.............	23,000	—
— Leroy..............	25,500	—

Le Directoire a arrêté que les feux seraient allumés : 1er feu, le citoyen Debray a offert 26,000 livres ; 2e feu, il a offert 26,500 livres ; et au 3e feu, 39,500 livres.

tier et autres, c'est-à-dire deux mille quatre cent soixante-
huit francs soixante-quinze centimes en assignats. Quant
aux autres seizièmes dus aux propriétaires d'étaux, ils ne
purent être soldés, Antoine Debray étant décédé, et ses
héritiers ayant manifesté l'impossibilité de se libérer envers
ces derniers. Des poursuites allaient être intentées lorsque,
par procès-verbal de conciliation, en date du 22 ventôse
an XIII, il fut convenu entre les parties [1] que le bâtiment
serait revendu afin de désintéresser les créanciers.

L'adjudication, qui eut lieu le 28 germinal an XIII,
chez M⁰ Légrignoux, notaire, fut faite au profit du sieur
Nicolas Leroy, boucher, moyennant le prix de deux mille
cinq cent vingt francs. Celui-ci acquitta entre les mains de
M. Dalmas, maire de Compiègne, la somme de 157 francs
55 centimes pour la propriété du cinquième étal à main
droite dont la ville avait la jouissance, aux lieu et place
de Marie-Jeanne Bourlon, qui avait refusé de contribuer
aux frais de reconstruction de la *Boucherie*. Les autres
propriétaires d'étaux furent payés dans le courant de l'année
1808, et Nicolas Leroy, qui était établi sur la place du
Change, à côté de M. Garanger, fabricant de chandelles,
prit définitivement possession de ce bâtiment où il installa
une bergerie, ainsi qu'une bouverie.

Ce nouvel acquéreur était né le 22 mars 1762 [2], du
mariage de Nicolas Leroy et d'une veuve Hénon, née
Marie Puleu. Il avait eu comme parrain Nicolas Legendre,
marchand de bœufs à Beauvais, et comme marraine,
Catherine Derrier, veuve de Pierre Berthelot, maître charcutier à Compiègne.

---

[1] Les héritières de Pierre-Simon-Antoine Debray, peintre et vitrier,
étaient ses trois filles : l'une, Jeanne-Victoire, femme de Michel-
François Deligny, perruquier ; l'autre, Marie-Marguerite-Charlotte,
fille majeure, et la troisième, Marie-Catherine, épouse de Marie-
François-Antoine Thian, maître perruquier.

[2] Il était né à minuit et fut ondoyé par la dame Aubry, sage-
femme.

Son père, qui s'était marié le 16 octobre 1759[1], avait été reçu maître boucher et chaircuitier par lettres de maîtrise du 25 mai 1762. Il céda plus tard sa maîtrise à son fils, qui épousa, en 1787, une demoiselle Dubois, de Noyon. Le 13 thermidor an III, ce dernier avait acheté l'ancienne chapelle de la *Madeleine*[2] et les terrains restant de l'ancienne léproserie de *Saint-Lazare*. Mais son nom, qui s'écrivait en deux mots, avait eu la malechance d'effaroucher les citoyens d'alors, comme rappelant l'odieux nom du *tyran*. Avec sa ridicule manie de tout débaptiser, le Comité républicain de la ville, offusqué de cette consonnance, lui avait confisqué son nom et l'avait remplacé par celui de *Francklain (sic)*, ci-devant Le Roy[3].

Leroy-Dubois jouissait auprès de ses confrères d'une grande notoriété ; il était, pour ainsi dire, le chef de leur corporation, donnant à tous l'exemple de la bonne tenue et de la moralité. On peut dire qu'il marqua nettement la fin du vieux régime de la boucherie avec ses coutumes surannées, son approvisionnement défectueux, son mauvais agencement, et la transforma complètement au point de vue des titulaires des étaux. Vers la fin du XVIIIe siècle, il avait acheté à Deligny, serrurier, une maison, sise rue de l'Etoile, où est actuellement la boucherie Pigeaux, et y avait transporté son établissement.

Cette boucherie, comme celle d'un sieur Rollet de la rue du Pont, était d'une trop grande simplicité, avec une devanture fermée ou même sans devanture. L'aspect était peu agréable à l'œil, les viandes étant jetées au hasard sur

[1] Il décéda le 30 nivôse an V. C'était le bisaïeul de M. Eugène Mauprivez, propriétaire, rue d'Alger.

[2] Voir communication du 17 avril 1890, faite à la Société historique par M. Eugène Mauprivez.

[3] Contrat de vente de la Madeleine, acte du 15 floréal an II, devant Desmarest et Valensart, notaires.

des appuis ou accrochées aux murailles, sans goût et
pêle-mêle.

A l'intérieur une table ou deux, dites étaux, un gros
bloc, un outillage sommaire, pas de bureau de caisse comme
aujourd'hui ; par derrière une salle ayant jour sur une cour
servant d'abattoir, et quand le local le permettait, un cor-
ridor pour établir un courant d'air, dans l'intérêt de la
marchandise.

Quelquefois la tuerie donnait sur la rue ; enfin il y avait
parfois une annexe servant aux bestiaux ainsi qu'aux
chevaux et voitures.

La qualité des animaux vendus était loin de valoir celle
d'aujourd'hui ; les moutons étaient de petite taille, les veaux
livrés à la consommation quelques jours à peine après leur
naissance, le bœuf était rare et l'approvisionnement au
marché de Poissy se faisait d'une façon très longue et très
coûteuse, les facilités actuelles n'existant point alors. Géné-
ralement en raison du mauvais état des routes, certains
animaux tels que veaux et moutons étaient placés en
croupe derrière le cavalier, les voitures étant d'un service
trop difficile.

Il existait des bouchers rue des Pâtissiers, rue Saint-
Corneille, place du Marché-aux-Herbes, sur le Change, rue
de Paris, rue des Lombards et rue du Pont-Neuf. A côté
des marchands ordinaires il y avait aussi des regrattiers
comme la veuve Milon, rue des Lombards.

Jusqu'à la Révolution et même plus tard, les bouchers
étaient en même temps charcutiers. Encore aujourd'hui
dans les campagnes ainsi que dans quelques grandes
villes, les deux métiers s'exercent simultanément. Au commencement de ce siècle, il existait trois charcutiers ayant
étaux : Nampon, place du *Change*, Carré, rue des *Pâtissiers*,
et Fleury, en bas du marché, sous la *Fausse-Porte*. A la
même époque, les bouchers, surtout ceux de la campagne,
se tenaient les jours de marchés sous des haillons sur

la voie publique, entre l'ancienne rue du *Perroquel* et le bureau d'octroi existant alors à l'entrée du pont.

Nicolas Leroy avait eu entre autres enfants, deux filles qui épousèrent l'une un nommé Bennezon, boucher rue des *Trois-Barbeaux*, au coin de la rue *Saint-Nicolas*, et l'autre un sieur Sulpice Guillot, de Reims. Par son contrat de mariage du 30 mars 1813, la nouvelle épousée apporta en dot la boucherie de la rue de *l'Étoile*. Guillot étant mort par accident en 1818, sa veuve tint personnellement son commerce pendant trois ans, jusqu'en juillet 1821, époque à laquelle elle se remaria avec Nicolas-Médard Mauprivez [1] de Villers-Cotterêts, qui faisait aussi partie de la même corporation. Il était l'aîné d'une nombreuse famille qui ne comptait pas moins de dix-sept enfants. Après avoir fait de bonnes affaires, Mauprivez céda pour cause de santé, vers 1844, son établissement de la rue de *l'Étoile*, à son plus jeune frère Émile-Antoine qui épousa, le 10 février 1845, une demoiselle Ancel de Compiègne. Aussitôt son installation, l'agencement extérieur des étaux de boucherie fut complètement changé. Parfois la parcimonie qu'on y avait remarqué pendant de longues années après la Révolution, disparut pour faire place au confort actuel.

Mauprivez ayant travaillé longtemps à Paris et devant reprendre la maison de son frère, alors malade, avait demandé la transformation de l'étal comme on le voit aujourd'hui. Mais, avant lui, Germain Déhu avait le premier et, peu auparavant, fait faire une grille d'appui à son établissement de la place du *Change* où est maintenant M. Roussin. Il est juste de dire qu'ils ont eu, bientôt

[1] Père de M. Eugène Mauprivez, propriétaire, rue d'Alger, et fils de M. Mauprivez-Pétel, de Neuilly-Saint-Front, maître boucher audit lieu. Il provenait lui-même d'une famille de bouchers et sur les dix-sept enfants qu'il eût, neuf s'établirent comme bouchers ou s'allièrent avec des membres de la même communauté.

après, de nombreux imitateurs parmi leurs confrères qui se mirent, eux aussi, à la mode de Paris.

Mauprivez-Ancel a cédé sa maison en 1860 à M. Pigeaux, boucher, qui, à son tour, vient de la transmettre à son fils, pour y continuer le commerce de ses prédécesseurs.

L'ancienne tuerie du vieux-pont, par trop primitive, fut abandonnée et transformée en une halle aux poissons qui, à son tour, vient de disparaître. Pour la remplacer la ville fit construire en 1848, sur la rive gauche de l'Oise, du côté de Saint-Germain, un abattoir public où les bouchers trouvent toute satisfaction sous le rapport de la commodité et de l'organisation des services. Terminé en 1849, cet établissement fut édifié par les entrepreneurs Langlet et Godart, sous la direction de l'architecte Pérint. Il figure tous les ans, sur le budget municipal, pour une recette moyenne de 14,500 francs [1].

[1] Le droit d'abatage est ainsi fixé :

Pour un bœuf...................	3 fr. 50
— une vache.................	2 50
— un veau.................	0 80
— un mouton.................	0 50
— un porc.................	1 50

Le droit d'octroi est ainsi fixé par 100 kilos :

Pour un bœuf.................	2 fr. 50
— un mouton.................	2 50
— une vache.................	2 50
— un veau.................	2 50
— un porc.................	3 »

DEUXIÈME PARTIE

Les charcutiers n'étaient pas, comme les bouchers, astreints à débiter leurs marchandises sur des étaux, dans une halle spéciale. Ils avaient la faculté de vendre chez eux et sur le marché aux fromages, après la visite préalable du langueyeur, les porcs qu'ils avaient achetés dans les campagnes avoisinantes. Car il ne fallait pas songer à en trouver dans la ville même, où il était défendu à toutes personnes de nourrir aucun porc, notamment dans les environs du Château, à peine de 100 livres d'amende.

Nicolas Burier, charcutier, avait été accusé précisément de s'être passé de cette visite sanitaire et d'avoir contrevenu aux ordonnances de police concernant sa profession. A l'audience du mardi 23 novembre 1723, il se défendit énergiquement et nia avoir acheté, vendu, ni débité aucune viande de porc qui n'ait été reconnue saine par qui de droit. N'ayant aucune preuve contraire à lui opposer, le tribunal le renvoya des fins de la plainte, mais profita de cette circonstance pour faire défense à tous charcutiers et rôtisseurs d'acheter, tuer, vendre et débiter aucun porc, qu'il n'ait été visité par Jean Amelin, visiteur de porcs à Compiègne, à peine de confiscation et de cent livres d'amende.

Le mardi 4 décembre 1725, Nicolas Burier, toujours en butte à l'animosité de Jean Amelin, fut de nouveau

appelé à l'audience de police. Celui-ci, par un procès-
verbal fait la veille, et sur l'attestation de François Gaillard,
maître de l'hôtellerie du *Plat d'Etain*, et de Joseph
Charpentier, maître de l'hôtellerie de la *Bouteille*, avait
saisi et enlevé de chez Burier une certaine quantité de chairs
salées qui avaient été trouvées défectueuses et imman-
geables. Le comparant soutint que ses marchandises
étaient bonnes et vendables, qu'il n'y avait aucun doute
à cet égard et avec d'autant plus de raison que ledit
Gaillard et autres n'étaient point ses bons amis, qu'ils
avaient agi par envie de métier, à tel point que leur
mauvais esprit bien connu les avait empêchés d'être
nommés gardes de leur communauté. Le procureur du
Roi, pour savoir si les soupçons de Burier contre ses
prétendus ennemis étaient bien fondés, ordonna que les
viandes salées saisies seraient d'abondant visitées par
des personnes nommées par lui d'office ; mais comme
la défectuosité des chairs salées pouvait également
provenir de la mauvaise qualité de la saumure, il soutint que
cette saumure dans laquelle les chairs salées et autres
lards de la saisie avaient trempés devait être pareillement
représentée pour être vue et visitée par de nouveaux
experts à nommer, ainsi que les viandes soi-disant
défectueuses, le tout en présence des sieurs Gaillard,
Charpentier et Amelin, et de Burier. Sur quoi, faisant
droit, le jugement dit que les chairs salées, ensemble
la saumure dans laquelle étaient lesdites chairs lors de
la visite, seront d'abondant vues et visitées par Augustin
Blanchet, maître de l'hôtellerie de la *Croix-d'Or*, et Pierre
Caty [1], charcutier, par nous nommés d'office, du consentement des parties, lesquelles pourront se faire assister

---

[1] Pierre Caty, charcutier, demeurant au bout de la place du
Marché-aux-Fruits, donnant du côté de la rue descendante du Change
au Pont.

de Thomas Bullot, maître de l'hôtellerie du *Porc-Epic*[1], et comparaîtront, par devant nous, pour prêter le serment ordinaire. Ceux-ci, après un examen approfondi, trouvèrent bonnes et vendables les marchandises incriminées, ce dont il leur fut donné acte.

En conséquence, le tribunal accorda à Nicolas Burier main-levée des chairs saisies qui lui furent rendues.

Jean Amelin, désappointé, jura de se venger et ne tarda pas à prendre sa revanche. Trouvé en défaut par ce dernier pour avoir exposé en vente sur le Marché-aux-Fromages des chairs de porc de mauvaise qualité et défectueuses, Burier fut arrêté et emprisonné dans les prisons royales de la ville. Il fut cité à comparaître à l'audience du 6 août 1728, où la contravention ayant été nettement prouvée, il se vit condamner à 60 sols d'amende, mais pour cette fois seulement on lui fit grâce de la prison, et l'ordre fut donné de l'élargir.

En 1419, à Pâques, ung bon bœuf coustait 200 francs au plus, ung bon veel (veau) 12 francs, un pourcel 16 ou 20 francs. En 1500, une vache coûtait 2 livres 8 sols, un pourceau 1 livre 6 sols, un bœuf gras 8 livres 16 sols, un agneau 10 sols, un cheval 45 livres.

En 1720, la Communauté des Charcutiers vendait la viande de porc à des prix tellement exhorbitants, que le 3 décembre de la même année[2], le lieutenant de police prit

---

[1] Situé rue des Lombards.

[2] La taxe subit diverses variations dans l'espace des quelques années suivantes :

Le 14 janvier 1721, la livre de lard gras fut taxée à 10 sols, le médiocre 9 sols, la livre de petit lard 8 sols.

Le 13 janvier 1722, la livre de lard gras fut taxée à 8 sols, le médiocre 7 sols, la livre de petit lard 6 sols.

Le 22 décembre 1722, la livre de lard gras fut taxée à 9 sols, la médiocre 8 sols, la livre de petit lard 7 sols.

Le 25 janvier 1724, la livre de lard gras fut taxée à 10 sols, la médiocre 8 sols, la livre de petit lard 7 sols.

un arrêté qui taxait la livre de lard gras à larder à
12 sols, et la livre de petit lard à 10 sols avec défense
d'excéder lesdits taux à peine de cent livres d'amende.

Les charcutiers, ainsi que les bouchers, payaient au
fermier des aides pour droits d'entrée, une somme fixe
annuelle à titre d'abonnement, somme répartie ensuite sur
chacun des membres de la communauté et proportionnée à
son débit. C'est ce qui résulte de deux jugements rendus
par le lieutenant de police.

Le 31 décembre 1715[1] Jean Portebled l'aîné, boucher,
s'étant refusé à verser la somme à laquelle il avait été
taxé par les égards de la Communauté, il lui fut enjoint
de rapporter quittance valable du sieur Auvray, directeur
des aides, de la somme de 128 livres 10 sols portée en son
billet du 22 juin dernier qui demeure pour reconnu, sinon
et à cause de ce faire dans trois jours, il sera condamné à
payer à la Communauté cette somme ès-mains de l'un des
gardes de salle, pour être employée à la décharge de l'abonnement vers le fermier des aides.

Pierre Portebled, boucher, trouvant que sa part d'abonnement était trop élevée en comparaison de celle attribuée
à plusieurs de ses confrères, fit citer à l'audience du jeudi
4 mai 1741, Jacques Portebled le jeune, Louis Fontaine,
Jacques Langlois, Antoine Poitre, Charles Langlois, Jacques
Portebled dit Clisson, la veuve Jacques Portebled l'aîné,
la veuve Jean Portebled le jeune, et François Langlois,

Le 25 avril 1724, la livre de lard gras fut taxée à 9 sols, le
médiocre 8 sols, la livre de petit lard 7 sols.

Le 7 novembre 1724, la livre de lard gras fut taxée à 10 sols,
le médiocre 8 sols, la livre de petit lard 7 sols.

Le 27 novembre 1725, la livre de lard gras fut taxée à 8 sols, le
médiocre 7 sols, la livre de petit lard 6 sols.

Le 29 janvier 1726, la livre de lard gras fut taxée à 8 sols, le
médiocre 7 sols, la livre de petit lard 6 sols.

[1] En 1713, Alexis Hennecart était boucher suivant la Cour de
Bavière à Compiègne.

tous maitres bouchers. Il fut enjoint à ceux-ci de rapporter les registres servant à inscrire les recettes et dépenses qui ont été faites par les maitres bouchers de la ville au sujet d'abonnement par eux consenti au fermier des aides, afin de les examiner et de juger de la véracité des allégations du demandeur. En même temps il fut donné acte à Pierre Portebled des offres par lui faites présentement de la somme de 40 sols pour l'entrée de la vache et celle de 12 sols pour l'entrée du veau qu'il a introduits dans la ville le jeudi 16 avril dernier.

Indépendamment des droits d'entrée, il y avait encore le droit d'*Inspecteurs aux Boucheries* créé par édit du mois de février 1704, qui prélevait trois livres par chaque bœuf ou vache, douze sols par chaque veau, et quatre sols par chaque mouton dans les grandes villes, et dans les villes ordinaires et bourgs, quarante sols par bœuf ou vache, et pareils droits pour les veaux et moutons.

Ces offices étaient non-seulement onéreux, mais encore vexatoires. Des commis désignés sous le nom d'*Inspecteurs* pénétraient dans les boucheries et comptaient les bestiaux vifs ou morts pour les prendre en charge sur leurs registres et en faire payer l'impôt au fur et à mesure de la vente, traitant ces établissements comme s'ils exerçaient de véritables débits de boissons.

L'autorité royale avait excepté du paiement de ce droit les viandes destinées à la nourriture des pauvres de l'Hôtel-Dieu qui en était expressément déchargé jusqu'à concurrence de sa juste consommation et selon le règlement qui en avait été fait. Mais les commis aux aides [1], au préjudice de cette disposition, ayant voulu assujettir au paiement dudit

---

[1] Pierre Gabriel, adjudicataire des quinze sols d'octroi appartenant à la ville pour six années, à commencer le premier jour du présent mois d'octobre 1721, nous a présenté pour receveurs desdits droits, savoir : à la porte du Pont, Louis Blondin ; à la porte de Pierrefonds, Antoine Hénault ; à la porte de Paris, Martin Dicé, et à la Porte-Chapelle, Nicolas Boucry.

droit les dames religieuses de Saint-Nicolas-au-Pont, sous
prétexte que la consommation de leur maison n'avait pas
encore été fixée, celles-ci présentèrent leur requête au Conseil
d'Etat qui intervint par un arrêt du 21 janvier 1710. La
consommation des viandes de l'Hôtel-Dieu fut alors fixée
à six bœufs ou vaches, cent veaux et deux cents moutons,
avec défense à l'adjudicataire des droits d'Inspecteurs aux
Boucheries de la généralité de Paris, ses commis ou
préposés, d'exiger les droits sur les dits bestiaux, sous peine
de dépens, dommages ou intérêts.

Depuis cette époque, les religieuses de Saint-Nicolas-
au-Pont avaient toujours joui de cette exemption jusqu'à
la mort de Louis XIV. Le fermier des aides saisit cette
occasion pour leur refuser ce privilège sous le vain prétexte
qu'elles ne pouvaient en jouir sans avoir obtenu de
nouvelles lettres de confirmation du Roi régnant. Harcelées
de nouveau, elles adressèrent au Conseil une nouvelle
supplique, disant que : « comme Sa Majesté vient de leur
donner des marques de sa protection singulière, en leur
accordant au mois de décembre 1739, la confirmation de tous
leurs privilèges, il ne peut plus y avoir de prétexte pour
leur contester cette exemption. De plus les malheurs des
temps, la cherté des denrées et la disette les mettraient
insensiblement hors d'état de remplir leur devoir et de
soulager les pauvres dont le nombre a considérablement
augmenté à Compiègne depuis les travaux [1] que Sa Majesté
a jugé à propos de faire exécuter, si Elle n'avait la bonté
de les faire jouir de ces anciennes exemptions et de leur
en accorder une nouvelle en ordonnant qu'au lieu de six
bœufs, cent veaux et deux cents moutons, la consommation
de leur hôpital sera fixée à douze bœufs, deux cents veaux
et quatre cents moutons, grâces qu'elles ont d'autant plus
lieu d'espérer de la libéralité de Sa Majesté qu'il est à la

---

[1] Travaux d'embellissement au Château et à la place du Château.

connaissance de toute la ville que leur maison est remplie
d'une quantité de malades supérieure de plus du double
de celle existante lors de l'arrêt du Conseil du 21 janvier 1710 et que, par conséquent, on y consomme beaucoup
plus de viande dont on paie les droits aux Inspecteurs des
boucheries et que c'est dans ces circonstances qu'elles ont
été conseillées de se pourvoir. »

A ces causes requéraient les suppliantes qu'il plût à Sa
Majesté ordonner que les lettres patentes qui leur ont
été accordées par les Rois prédécesseurs de Sa Majesté,
ensemble celles du mois de décembre 1739 et l'arrêt du
Conseil du 21 janvier 1710, seront exécutés selon leur
forme et teneur. Ce faisant, les maintenir et confirmer
dans le privilège et exemption de droits d'inspecteurs aux
boucheries créés par édit du mois de février 1704 sur le
nombre de six bœufs ou vaches, cent veaux et deux cents
moutons et ayant égard à l'augmentation des pauvres
malades et à la grande consommation de viande qui se fait
dans leur maison, que le nombre desdits bestiaux sera et
demeurera fixé pour l'avenir à douze bœufs ou vaches,
deux cents veaux et quatre cents moutons et faire défense
aux sous-fermiers desdits droits d'Inspecteurs aux boucheries de la généralité de Paris, leurs commis ou préposés,
d'exiger aucuns droits sur les dits bestiaux, à peine de
1,500 livres d'amende et de tous dépens, dommages ou
intérêts.

Le Roi, faisant droit à leur demande, ordonna que la
viande nécessaire à la consommation des pauvres de
l'Hôtel-Dieu de Compiègne sera et demeurera fixée doré-
navant pour chaque année, à la quantité de 15,000 livres
pesant, au lieu de 12,800 livres, à quoi sont évalués les
six bœufs ou vaches, les cent veaux et moutons portés
audit arrêt.

Le premier jour de septembre 1741, à la requête des
religieuses qui avaient élu domicile à Paris, en la maison

de Me Levasseur, avocat au Conseil du Roi, 16, Vielle-
Rue-du-Temple, le présent arrêt fut signifié au sieur Jean
Godefroy, en son bureau, rue de la Croix-des-Petits-
Champs, à l'hôtel de Lussan, parlant au portier dudit hôtel.

Certains bouchers contrevenaient aux ordonnances en
tuant et vendant clandestinement dans leurs maisons des
animaux de consommation ; pour réagir contre cet abus, le
lieutenant de police rendit, à l'audience du mardi treize
janvier 1722, le jugement suivant : Quelques particuliers
s'ingèrent de tuer de la viande et de la vendre dans des
maisons particulières, quoi qu'il y ait une Boucherie
destinée à cet usage et un lieu aussi destiné pour l'abattis
des bêtes qui doivent être exposées en vente dans ladite
Boucherie, ce qui donne la facilité auxdits particuliers de
vendre des viandes corrompues et de mauvaise qualité.
Ce à quoi il est nécessaire de pourvoir. Il est fait défense
à toutes personnes de tuer aucunes bêtes ailleurs que dans
les lieux destinés à cet effet, ni de les exposer en vente
autre part que dans la Boucherie publique de cette ville, à
peine de cinquante livres d'amende, de deux nuits de
prison et de saisie des viandes si elles se trouvent
défectueuses.

Malgré ces défenses, Claude Poëtte, un boucher de la
ville, ainsi que Pierre Chouart, manouvrier, ne craignirent
pas de s'installer sur la place du Marché-aux-Fromages,
en même temps que les bouchers forains et d'y vendre
leurs marchandises. Mais Pierre-René Potier les fit comparaître à l'audience du 26 décembre 1723, dans laquelle
il fut ordonné que : ledit Poëtte viendra déclarer en
dedans trois jours s'il entend faire le débit de ses viandes
dans la Boucherie ou sur la place du Marché-aux-Fromages,
et faire son option desdits lieux ; et à l'égard du sieur
Chouart [1], attendu qu'il est sans qualité et qu'il exerce

_____

[1] Audience du mardi 14 septembre 1723. — Contre Marie-Barbe
Dennel, demeurant à Compiègne, et contre Pierre Chouart, manou-

la fonction de tuer et d'écorcher des chevaux en cette ville,
lui avons fait défense de vendre ni débiter sur la susdite
place aucunes viandes qui doivent entrer dans le corps
humain, ni de faire aucune autre fonction de boucher,
à peine de prison et de cent livres d'amende.

Et sur la remontrance faite par les égards bouchers de
cette ville, que, depuis quelque temps, la liberté que
nous avons donnée aux bouchers forains dans la rue de
faire baisser le prix de la viande par l'abondance, avait donné
lieu au débit de vaches mortes de maladie, ce qui pouvait
intéresser la santé des particuliers qui en faisaient les achats
pour leur subsistance, disons qu'il leur sera informé.
A l'effet de quoi les dits égards bouchers seront tenus de
faire comparaître des témoins pour l'information faite et
communiquée au procureur du Roi.

Car il était prudent de ne pas accepter sans contrôle
les accusations souvent mensongères des bouchers de
la ville contre leurs confrères forains. Toutes les armes
étaient bonnes contre ces ennemis, ces gâte-métiers qui
venaient leur retirer le pain de la bouche. Sus aux bouchers
forains ! tel était le cri de révolte poussé le 6 octobre 1635,
dans une requête collective adressée aux gouverneurs
attournés. Mais, depuis cette époque, toutes les récla-
mations ayant été vaines, il avait fallu en prendre son parti,
tourner les difficultés et tirer profit de cette malencontreuse
concurrence qu'on ne pouvait empêcher. Les choses en
étaient arrivées à un tel point que le lieutenant de police crut
devoir intervenir par un jugement du 4 septembre 1725. Sur
la remontrance que, pour procurer l'abondance en cette
ville, nous avons permis aux bouchers forains de tenir,

vrier à Comp̄l   . Ont été condamnés pour le scandale public par
eux causé,   ment en 40 livres d'amende, et ledit Chouart
à nourrir et   l'enfant dont ladite Denuel est accouchée, provenant
des œuvres dudit Chouart et nommé aux fonts de baptême Raoult-
Charles Chouart.

vendre et débiter leurs viandes sur le marché de Compiègne,
les bouchers de la ville profitent de cette permission,
ou plutôt pour priver le public de l'avantage qu'il devait
tirer de cette permission, achètent les viandes aussitôt
qu'elles sont arrivées pour les vendre à plus haut prix
dans la Boucherie ; que les pâtissiers et cabaretiers se
servant aussi du privilège que leur donne le temps de
la récolte où l'on avance l'heure du marché, achètent les
viandes desdits bouchers forains et privent pareillement le
public du bien qu'il tire de cette permission en achetant
leurs produits aussitôt qu'ils sont arrivés ; à quoi il est
important de remédier. Faisons défense à tous bouchers
de cette ville d'acheter aucunes viandes desdits bouchers
forains et d'aller au-devant d'elles, à peine de confiscation,
de cent livres d'amende, même de prison en cas de récidive ;
et à l'égard des pâtissiers et cabaretiers, leur avons fait
défense d'entrer dans le marché pendant le cours du présent
mois, avant neuf heures, ni d'aller au-devant des viandes,
après lequel présent mois ils ne pourront entrer avant les
heures portées par nos ordonnances à peine de confiscation
des denrées qu'ils auront achetées, de dix livres d'amende
et de prison en cas de récidive.

Pendant tout le temps du Carême [1] les bouchers de
la ville n'avaient pas le droit de vendre ; n'était autorisé
que celui qui avait soumissionné au plus bas prix et qui
avait été déclaré par les échevins adjudicataire des viandes

---

[1] Ordonnance de police de 1751. — Défenses aux bouchers de
vendre aucunes viandes dans le Carême, à peine de 20 livres d'amende.
Et pour la nécessité des malades et infirmes, il sera établi par nous
un boucher qui en aura seul la permission sans qu'icelui puisse en
vendre ni débiter qu'aux malades et infirmes et ce seulement sur les
billets des sieurs curés et médecins de cette ville, lesquels billets il sera
tenu de rapporter tous les huit jours en notre greffe et se purger
par serment sur la vérité d'iceux. Ne pourra, ledit boucher de Carême,
vendre ni débiter aucune viande aux habitants de la campagne durant
ledit temps de Carême que sur les billets des curés de leurs paroisses,
le tout à peine de 10 livres d'amende.

de Carême. En outre, ce dernier était encore astreint à certaines obligations et charges spécifiées d'avance dans le contrat.

Le mardi 12 décembre 1719, sur la remontrance à nous faite par le Procureur du Roi qu'il a fait assigner ce jourd'hui la Communauté des Bouchers de cette ville pour mettre à prix et rabaisser chacune livre de viande, savoir bœuf, veau et mouton, bonne viande, pour la distribution des malades au Carême prochain, à la charge par l'adjudicataire de payer aux pauvres de l'hôpital général de cette ville pour une fois, 60 livres, 100 sols au concierge, 3 livres au tambour, et 10 livres aux huissiers de service, comme encore à la charge de ne tuer que des bœufs de Poissy, veaux et moutons, bonnes viandes qu'ils débiteront, et de ne tuer aucune vache ni de vendre aucune viande à aucuns particuliers qu'il ne lui soit apparu des certificats des curés ou médecins de cette ville pour les personnes incommodées, d'avertir ou de faire sa déclaration aux commissaires lorsqu'il voudra tuer les bœufs, de déclarer aussi en dedans ce jour en notre greffe les associés qu'il peut avoir avec lui, faisant défense à tous bouchers et autres personnes de telle qualité qu'elles puissent être, de vendre aucunes viandes pendant le temps de Carême, à peine de cent livres d'amende ; à l'effet de quoi les publications ordinaires ont été faites.

Le prix de la viande a été rabaissé à cinq sols trois deniers par Jacques Chouart, à cinq sols un denier chacune livre par Jacques Portebled le jeune, Joseph Portebled et Gérard Portebled, et enfin à cinq sols par Antoine Lescaille, qui fut déclaré adjudicataire du bail au rabais, à raison de cinq sols la livre de bœuf, viande, veau et mouton, à la charge de n'en délivrer qu'aux malades et personnes incommodées, sur les billets des sieurs curés et médecins de cette ville, sous peine de cinq livres d'amende et de confiscation. Il déclara prendre pour associée

Marianne Portebled, veuve de Philippe Jugneau, boucher à Compiègne.

Mais le boucher adjudicataire, pour l'emporter sur ses concurrents, avait fait un rabais trop considérable et, à l'audience du 20 février 1720, il remontra qu'il lui était impossible de satisfaire aux clauses et charges de son adjudication, attendu que les viandes avaient considérablement augmenté de prix depuis son traité.

Pour juger sur le bien fondé de sa réclamation, le tribunal se fit apporter les états des marchés de bœufs qu'il avait contractés au bourg de Poissy et dût lui tenir compte, dans une certaine mesure, de la hausse de prix alléguée par lui.

Dans le cas contraire, Antoine Lescaille [1] aurait eu la ressource de vendre la viande un prix plus élevé que celui énoncé dans le contrat souscrit, les clients, gens paisibles et de bonne composition, ne s'en seraient pas aperçus, étant habitués, de longue date, à payer un taux qui n'avait rien d'uniforme.

C'est pour remédier à ces abus que le lieutenant de police décida, le 26 novembre suivant, d'établir une taxe sur toutes les denrées, avec défenses d'excéder le taux fixé, à peine de cent livres d'amende. En 1720, la livre de bœuf, veau et mouton fut taxée à six sols, la livre de vache à quatre sols, le cent de suif en branche à quarante-cinq livres et le cent de suif fondu à cinquante livres.

Le 4 avril 1720, on publia un arrêt du Conseil d'État qui défendait de vendre, acheter, ni tuer des agneaux pendant l'année courante et jusqu'à la Pentecôte de 1721. La défense s'appliquait aussi bien aux veaux et génisses âgés de plus de huit ou dix semaines, qu'aux vaches qui seront encore en état de porter des veaux.

[1] Le 25 janvier 1721, Antoine Lescaille fut encore adjudicataire des viandes de Carême au prix de six sols la livre. Il a déclaré avoir pour associés Jacques Portebled, Gérard Portebled et la veuve Jugneau.

En 1721, la livre de la meilleure viande fut à cinq sols seulement. Au commencement de l'année 1722 elle remonta à six sols pour redescendre, vers la fin, à cinq sols.

La taxe était arrêtée de concert avec les bouchers et le Procureur du Roi, d'après les cours de vente des villes voisines et des cultivateurs d'alentour. C'est ce qui eut lieu le 20 juillet 1723. A cette date, les égards de la Communauté des Bouchers furent assignés à l'audience de police pour procéder à la rédaction du prix des viandes et, après discussion de part et d'autre, soutinrent que la livre de bœuf, veau et mouton était vendue actuellement six sols la livre dans la ville de Senlis et autres villes circonvoisines. En conséquence, il fut décidé que les égards rapporteraient à la prochaine audience les certificats des officiers desdites villes concernant le prix de vente des viandes, et que le Procureur du Roi pourrait aussi faire comparaître audit jour des laboureurs des villages circonvoisins pour certifier du prix auquel sont actuellement vendus aux bouchers les veaux et moutons.

Le 18 janvier 1724, avant d'arrêter définitivement la taxe et avant de faire droit au taux demandé par les bouchers, le procureur du Roi décida que ces derniers rapporteraient des certificats légalisés des juges de Crépy, Senlis, Beauvais, du prix de chaque livre de viande de bœuf, veau et mouton vendue et taxée dans lesdites villes. Sur le vu de ces certificats, il fut ordonné, le 25 avril suivant, que la livre de bœuf de Poissy, veau et mouton, à choisir les meilleurs morceaux, sera vendue sept sols, et en ne choisissant pas six sols, la livre de vache cinq sols, et le cent de suif en branche quarante-cinq livres.

La viande était, cette année, excessivement chère et Barbier dit, dans son journal : « que les bouchers de Paris ont porté la viande jusqu'à quatorze sols la livre. M. Dombreval, le lieutenant-général de police, a établi quatre boucheries dans Paris où on la donne à sept sols ;

mais à la vérité, c'est de la *viande qui n'est bonne que pour le peuple* [1] ».

Le sept novembre suivant, la livre de bœuf, veau et mouton diminua un peu et ne fut plus vendue que six sols six deniers, ainsi que la livre de suif en branche qui ne coûta plus que trente-cinq liards.

Le 27 novembre 1725, la livre de bœuf de Poissy, à choisir les morceaux, fut taxée à cinq sols ; la livre de viande, au-dessous des meilleurs morceaux, à quatre sols, et la livre de la moindre viande à trois sols.

Le 29 janvier 1726, la taxe resta au même taux, sauf pour le cent de suif en branche qui subit une diminution considérable et dont le prix de vente fut fixé à vingt-cinq livres, ainsi que pour le suif fondu marqué à trente livres.

Cette réglementation inflexible gênait beaucoup les bouchers ; ils ne pouvaient s'y faire et ne craignaient pas d'excéder la taxe, malgré les peines rigoureuses édictées contre eux. Pour les ramener au respect de la loi, il fallut sévir. A l'audience du mardi 18 février 1721, le Procureur du Roi ayant remontré que les bouchers, au préjudice de la taxe de six sols qui a été mise sur la meilleure viande, excèdent néanmoins ce taux, et la vendent sept sols à plusieurs particuliers et notamment à Samson-François Picart de Rochefort, bourgeois, Poulletier, notaire, et autres. C'est pourquoi il requiert que M. Pierre de Bonvilliers, commissaire, ait à se transporter chez lesdits particuliers, pour être par lui dressé procès-verbal de leurs déclarations.

Le 22 avril suivant, Gérard Portebled fut condamné à 60 sols d'amende pour avoir voulu vendre, samedi dernier, la livre de viande sept sols à la femme du sieur Poulletier, notaire, ce dont celle-ci a fait sa déclaration au commissaire,

[1] Journal de Barbier, première série, page 337. M. le Duc fait venir des bœufs d'Irlande, soit que l'espèce manque ici, ou que les bouchers soient des fripons. La viande a valu douze sols la livre. Le Carême, on ne pouvait faire ni maigre, ni gras, à cause de la cherté de tout le vivre.

ce jourd'hui, malgré que la livre de la meilleure viande ait été taxée à cinq sols.

Ceux qui se résignaient à observer la taxe, ne pouvant faire autrement, se rattrapaient sur la qualité de la marchandise et finissaient toujours par *flouer* le client qui ne pouvait s'en apercevoir. On lui vendait couramment de la vache pour du bœuf et cette supercherie aurait continué sans un ingénieux moyen trouvé par le lieutenant de police.

Le 11 janvier 1724, le jugement suivant fut rendu à cette occasion : « Les maîtres bouchers de cette ville vendent leurs viandes au prix de sept sols la livre de bœuf, veau et mouton, encore bien que le dernier prix par nous fixé de la viande soit de six sols, comme aussi avons appris que la plupart desdits bouchers vendent et débitent de la vache pour bœuf, laquelle vache ils vendent aussi au prix du bœuf, de quoi le public se trouve entièrement lésé. Pourquoi le Procureur requiert qu'à l'égard du premier chef, il fut par nous informé contre lesdits particuliers qui ont vendu leurs viandes sur le pied de sept sols. Faisons défense d'excéder le prix de six sols, sous peine de prison et de trois cents livres d'amende ; et à l'égard du deuxième chef, nous ordonnons que tous les maîtres bouchers de cette ville seront tenus de comparaître à notre prochaine audience, pour faire leur déclaration sur l'option qu'ils seront tenus de faire, chacun en particulier, audit jour de notre audience, de vendre bœuf ou vache, de sorte que celui qui vendra bœuf ne pourra vendre de la vache, à peine de confiscation des vaches qui se trouveront appartenir à ceux qui vendront des bœufs et de cinq cents livres d'amende ; et pour que l'on puisse connaître la différence de la viande de bœuf de celle de vache, ceux qui vendront de la vache seront tenus de mettre sur leur étaux une verge ou bâton de deux pieds de haut au bout duquel sera une loque rouge de quatre doigts de large en carré, pour désigner et faire connaître que la viande exposée

sur lesdits étaux est de la vache, à peine contre les contrevenants de trois cents livres d'amende et de confiscation
des vaches exposées en vente et non ainsi marquées.
Nous ordonnons aussi que les bouchers qui ont vendu
leur viande sept sols la livre, seront assignés au premier
jour d'audience, et faisons défense à eux de vendre la viande
à un plus haut prix que six sols la livre de bœuf, veau et
mouton et quatre sols la livre de vache à peine de cinq
cents livres d'amende. »

Il y avait aussi des mesures de salubrité et d'hygiène qu'il
fallait observer. Jean Portebled l'aîné, ayant contrevenu
aux règlements de police concernant le bon entretien des
locaux des bouchers et ayant conservé chez lui un trop
grand nombre d'animaux, ce qui pouvait nuire à la santé
publique, un arrêté fut pris le 1ᵉʳ juillet 1721, enjoignant
aux autres bouchers de tenir leurs portes et rues nettes,
avec défenses de garder chez eux plus de vingt moutons
pour l'usage de la ville, et de retirer les autres dans les
faubourgs, sous peine de vingt livres d'amende contre
chacun des bouchers et de confiscation du surplus qui
se trouvera dans chacune de leurs maisons.

Le 20 avril 1729, la livre de bœuf de Poissy fut taxée à
six sols, celle de la vache à cinq sols.

Le 31 mai 1730, la livre de bœuf de Poissy, veau
et mouton, bonne viande, fut taxée à cinq sols, soit
séparément ou conjointement, et la livre de vache à quatre
sols. En outre, il fut de nouveau ordonné aux bouchers
qui vendent de la vache de mettre sur leurs étaux une
loque rouge au bout d'un bâton qui sera visible, à peine
cette fois de cinq cents livres d'amende.

Un règlement de police, du 27 mai 1754, défendit aux
bouchers, à qui l'on tolérait provisoirement la vente dans
leurs maisons, le bâtiment de la Boucherie menaçant
ruine, d'ouvrir celles-ci pour y exercer leur commerce
pendant les heures du service divin, à peine de six

livres d'amende ; de tuer et abattre des bêtes ailleurs
que dans la *Tuerie*, ni même les veaux et moutons
pendant les mois de mai, juin, juillet, août et septembre ;
dans l'autre temps ils seront tenus de faire transporter le
sang, trempy, issues et intestins des animaux, dans des
tines et vaisseaux couverts, pour être portés et vidés à la
rivière, depuis neuf heures du soir jusqu'à deux heures
après minuit, leur faisant défenses, et aux charcutiers ou
pâtissiers, de renfermer dans leur fumier aucune des choses
ci-dessus à peine de vingt livres d'amende.

Ce même règlement défendait d'exposer en vente dans la
ville et hors d'icelle aucune chair de bêtes mortes mordues
de loups ou chiens enragés, sous peine de punition cor-
porelle. Il était enjoint de mettre lesdites chairs en terre,
et aux égards, tant bouchers que pâtissiers, d'aller en visite
tant dehors que dedans la ville pour empêcher tels abus.

En outre, seront tenus les bouchers de fournir la
Boucherie à suffisance de bonnes viandes, et défenses à
eux de les vendre plus haut prix que la taxe qui en sera
par nous faite, et seront tenus, lesdits bouchers, d'être
garnis de balances et poids qui seront d'airain, de fer
ou de fonte et non autrement, à peine de dix livres
d'amende.

En 1766, les bouchers de la ville étaient ainsi répartis :

Tour Saint-Antoine.

Antoine Portebled, Jacques Portebled, la veuve Jacques
Langlet.

Tour des Coquelets.

Jacques-Louis Langlet, Pierre Bennezon, Louis Lecas,
Marc Gorju.

Tour des Barbeaux.

Antoine Lecas, Antoine Gruny.

Tour du Chat-qui-Tourne.

Jean-Marie Langlet.

Tour de l'Ange.

Barthélemy Dumaine, charcutier; François Langlois, Antoine Portebled, François Langlet.

Tour des Rats.

Claude Jacquin, la veuve Fontaine.

Tour des Cordeliers.

Jean Jacquin.

Tour du Chevalet.

Jean Portebled, Nicolas Leroy.

Les viandes destinées à la consommation payaient un droit d'entrée [1] perçu en vertu d'un tarif spécial d'octroi qui avait été établi par arrêt du Conseil d'Etat du 12 novembre 1726. Ce tarif était continué et renouvelé tous les neuf ans, avec diverses modifications dans le montant de la somme exigée par le Roi et dans celle perçue. L'octroi de Compiègne fut prorogé pour neuf années, à commencer du 1er octobre 1768, et le principal de la taille fixé à la somme de huit mille livres. Il était dû sur chaque bœuf une livre, sur chaque veau, génisse ou porc, huit sols quatre deniers, et sur chaque mouton, brebis ou chèvre, quatre sols, lesquels droits seront payés par toutes sortes de personnes, à l'exception seulement des ecclésiastiques, communautés religieuses, nobles et privilégiés qui, par leur état, sont exempts de la taille.

Pendant chaque période de neuf années, ces droits étaient adjugés au plus offrant et dernier enchérisseur, et les contestations qui survenaient à l'occasion de leur perception, étaient portées devant les officiers de l'Election de Compiègne et par appel en la Cour des Aides [2].

[1] En 1766, Louis Caron était receveur des entrées à la Porte-Chapelle; Christophe Carlier à la Porte-Paris, et Toussaint Leroux à la Porte-Neuve.

[2] En 1763, Clair Audiger, sous-directeur des Aides et droits

En 1771, les bouchers payaient, en sus des droits d'entrée, une imposition nouvellement établie par le Roi sur les droits des fermes. Il leur était, par conséquent, impossible de débiter désormais leurs viandes sur le pied de sept sols la livre, prix fixé par la taxe officielle. Ils portèrent leurs doléances auprès du lieutenant de police qui fit une nouvelle taxe où la livre de bœuf de Poissy était mise à six sols trois deniers et celle de la vache et bœuf de pays à cinq sols six deniers.

Ce magistrat, dans l'intérêt des consommateurs, et pour remédier à certains abus prit, la même année, un arrêté ordonnant de n'amener à la Boucherie que des veaux âgés d'au moins un mois.

A cette époque, la viande de cheval faisait son apparition et commençait à entrer dans la consommation. Elle ne figurait pas sur la taxe officielle et quelques rares bouchers seulement la débitaient à très bas prix, sans réussir toutefois à attirer beaucoup d'acheteurs. C'est afin d'en répandre l'usage dans le public que Nicolas Leroy et Jean-Louis Fontaine, représentés à l'audience du 24 février 1772, par leur procureur Claude-Remy Cordongnon, offrirent chacun un cheval pour le service de la boucherie du Carême prochain. La tentative ne fut sans doute pas couronnée de succès et l'hippophagie, puisqu'il faut l'appeler par son nom, ne put s'implanter chez nous.

Pas plus que la viande de cheval, les chiens des bouchers n'étaient goûtés du public qui se plaignait, non sans raison, de servir d'aliment aux morsures de ces animaux féroces. Mais, à l'audience du lundi 1er juin 1776, Jean-Denis-Nicolas de Crouy, faisant fonction de lieutenant de police, rendit l'ordonnance suivante : « Ayant

y joints, demeurait en son bureau général, sis rue et porte de Pierrefonds.

Après lui, Pierre-Louis Beau, sous-directeur des Aides, demeurait rue du Plat-d'Etain.

appris que la plupart des habitants de cette ville, notamment les bouchers, charcutiers et autres de semblable état, laissent sortir leurs chiens de leurs maisons, à toute heure du jour, lesquels se battent et s'entrebattent sur les places, carrefours et rues de la ville, avec tant d'aigreur et d'acharnement, qu'ils se jettent aux jambes des passants et leur font des morsures très graves et dangereuses, que lesdits bouchers se plaisent même à *harrer* leurs chiens, et à les faire battre contre ceux de la ville et de la campagne, au lieu de les retenir à l'attache dans leurs maisons. Nous faisons défenses auxdits bouchers et charcutiers de laisser errer leurs chiens, à peine de dix livres d'amende. »

Déjà, à propos de chiens, le lieutenant de police avait pris l'arrêté suivant, le 13 juillet 1723 : « La plupart des artisans et pauvres gens de cette ville nourrissent des chiens qui causent un grand désordre dans les rues, à cause des chiens de la campagne, soupçonnés de rage, qui entrent dans la ville, mordent et pillent tous ceux qu'ils rencontrent, même quelques personnes qui ont été blessées. Faisons défenses à tous artisans et autres personnes de cette qualité, de nourrir aucun chien dans leurs maisons, à peine de prison. »

Les bouchers n'avaient pas de patron, ils avaient pris comme emblème le Saint-Sacrement qui était figuré sur leur bannière. Leurs égards, comme ceux des autres communautés, étaient tenus de suivre les processions de la Fête-Dieu avec des torches allumées en bon état, prescription tombée en désuétude puisqu'une ordonnance du 5 mars 1728 leur rappela cette observance, sous peine de 50 livres d'amende.

Une autre ordonnance de 1754 leur enjoignit de renouveler, par chacun an les torches qu'ils doivent porter à la procession du Saint-Sacrement et de tenir leur blason propre et net.

La fête patronale des bouchers, qui se célébrait tous

les ans dans l'église des Cordeliers, donnait lieu à des manifestations bruyantes. Les porteurs du pain bénit s'affublaient de costumes bizarres, prenaient sur leurs épaules les pains décorés de petits drapeaux de toutes couleurs, avec écus armoriés, devises et banderolles flottantes, et les promenaient solennellement par les rues jusqu'à l'église. Toute la confrérie suivait, les uns avec des hallebardes ou quelques vieilles épées, les autres avec des tambourins et des fifres. On écoutait et on chantait la messe en grande pompe. Puis, après le service, la troupe revenait dans le même équipage et s'arrêtait dans un cabaret, où la cérémonie finissait par un festin.

Voulant réagir contre cette coutume, le Procureur du Roi, le 21 juillet 1722, prononça contre eux un violent réquisitoire, en disant : « Que sous le voile spécieux de religion et de confrairie, il se fait dans cette ville plusieurs assemblées illicites d'artisans ou l'int   ance de leurs repas et les monopoles qu'ils font entre eux dans lesdites assemblées, font un préjudice considérable au repos public et à celui de leur famille ; que les gens de métier font porter, par des gens habillés d'une manière extravagante, des pains bénits qu'ils font conduire avec des tambours, des fifres et des drapeaux jusqu'à l'église où le service divin se doit célébrer, et après le service retournent dans le même équipage au cabaret où ils ont fait préparer le festin ; que ces assemblées défendues sont plutôt des rendez-vous pour faire paraitre leur ivrognerie que pour y donner aucune marque de piété, ce qui, dans tous les temps, a donné lieu à plusieurs ordonnances, règlements et arrêts pour réprimer de pareils abus. Requérons qu'il fut fait défenses auxdits artisans de faire aucune assemblée sans notre permission, à peine de cent livres d'amende contre chacun de ceux qui y auront assisté et de prison en cas de récidive. »

Faisant droit à cette requête, le lieutenant de police

défendit à tous particuliers, pour quelque cause que ce
fût, de faire aucune assemblée, sous prétexte de piété,
confrairie, ou autrement, ni faire battre le tambour, ni
jouer d'aucun instrument, sans sa permission, sous les
peines édictées ci-dessus.

Les bouchers célébraient leur fête le jour du Saint-Sacrement dans l'église du couvent des Cordeliers. On y chantait
une grande messe, deuxièmes vêpres et un salut ; les beaux
ornements étaient mis sur l'autel. Le lendemain, il n'y avait
plus que les petits ornements avec six cierges allumés, un
devant d'autel et la représentation ; on chantait le *Dies et
lugentibus*. Le carillonneur qui annonçait cette cérémonie
recevait pour sa peine 7 livres 10 sols.

TROISIÈME PARTIE

Jean-Baptiste de Voitine, demeurant à Paris, rue des Bons-Enfants, remplaça Jean Godefroy comme fermier général des droits d'Inspecteurs aux boucheries dans le duché de Valois. Il fut mis en possession de ses nouvelles fonctions par l'acte suivant passé devant Mᵉ Lhomme, notaire à Paris, et son confrère, le 26 mai 1778 : « Très haut et très puissant et très excellent prince du sang, duc d'Orléans, de Chartres, Valois, Nemours, Montpensier, Étampes, comte de Vermandois et de Soissons, a affermé au sieur Jean-Baptiste de Voitine, bourgeois de Paris, pour six années qui commenceront au premier octobre de la présente année, les droits d'Inspecteurs aux boucheries dans les villes et lieux de l'apanage de Son Altesse Sérénissime. Le sieur de Voitine a fait et constitué pour son procureur général et spécial Marc Joseph Demeaux [1], Directeur des Aides à Compiègne, auquel il donne pouvoir de pour lui et, en son nom, faire la régie et administration des droits d'Inspecteurs aux boucheries et huit sols pour livre d'iceux et autres qui sont ou pourront être joints dans l'étendue de la direction.

« Fait à Paris, le 30 septembre 1780. »

---

[1] Demeurant rue des Petites-Écuries-du-Roi, paroisse Saint-Jacques, en 1780, et le 5 février 1781 il demeurait rue des Cordeliers.

La perception de ce droit ne se faisait pas sans quelque résistance de la part des bouchers qui n'acceptaient cette taxe qu'avec la plus grande répugnance et cherchaient à s'y soustraire par toutes les fraudes possibles.

Le 11 janvier 1779, les juges de l'Election firent comparaître devant eux Pierre-Gabriel Doucet, marchand boucher, et la nommée Bennezon, sa femme, tant en leur nom personnel que comme civilement responsables des faits de Louis Bennezon, leur garçon boucher, et à cause de la fraude, contravention et rebellion par eux commises, les condamnèrent solidairement à 500 livres d'amende pour le tout et prononcèrent la saisie du veau, objet du litige.

A l'audience du lundi 12 juin 1780, un boucher de Verberie, Jean-François Gérard qui avait été l'objet d'un procès-verbal pour avoir fraudé sur une moitié de veau évaluée à six livres, fut condamné à payer en plus de cette somme, trois cents livres d'amende ainsi que les dépens.

Mais la fraude la plus considérable se faisait par la rivière d'Oise avec le concours des mariniers et bateliers qui s'y employaient, favorisant ainsi l'introduction secrète des viandes pour les soustraire aux droits d'entrée. Pour remédier à ces abus, l'Election rendit, le 23 octobre 1780, une ordonnance ainsi conçue : « Vu par nous la requête à nous présentée par M. Henri Clavel, bourgeois de Paris, régisseur général des aides et droits y réunis pour le compte de Sa Majesté, tendante à ce que, pour éviter aux abus qui se commettent journellement par les bouchers de cette ville pour se soustraire aux droits d'Inspecteurs aux boucheries et autres dus à l'entrée de cette ville sur les bestiaux, emploient différents moyens pour les y faire entrer par des chemins obliques, fausses-portes, poternes et autres où il n'y a point de bureau de recette établi, ce qui est contraire aux règlements, notamment à la déclaration du 15 février 1780, enregistrée en la Cour des aides, le 23 du même mois, à peine de confiscation et de 300 livres

d'amende. Que toutes ces contraventions préjudicient considérablement aux intérêts du Roi et par laquelle il conclut à
ce qu'il nous plaise faire défenses aux maitres bouchers de
cette ville d'entrer aucuns bestiaux ni viande morte, et à
tous autres particuliers aucunes denrées sujettes aux droits
d'entrée par les chemins où il n'y a point bureau de recette
établi pour la perception des droits et ordonner qu'iceux
seraient tenus d'aller, à l'avenir, faire boire leurs bestiaux à
l'abreuvoir de la porte du Pont-Neuf, en sorte qu'en sortant
et rentrant, ils passent devant un bureau des entrées, afin
que les régisseurs puissent s'assurer qu'ils ne rentrent pas
plus de bestiaux qu'ils n'en ont sorti, avec défenses de
les mener boire ailleurs, notamment à l'abreuvoir où conduit
la *ruelle des Tanneurs* vis-à-vis la poterne du *Vieux-Pont*
et de se conformer à la déclaration du Roi susdatée, sous
les peines y portées, et défenses aux mariniers, pêcheurs et
autres faisant commerce sur la rivière, de faciliter les
introductions clandestines des bouchers sous les mêmes
peines, et ordonnons l'impression, publication et affiche de
notre présente ordonnance.

« Nous, conformément aux conclusions du Procureur du
Roi, ordonnons que la déclaration du Roi du 15 février
dernier sera suivie et exécutée selon sa forme et teneur. Ce
faisant, faisons défenses aux bouchers de la ville de Compiè
gne et à tous autres particuliers de quelque état et condition
qu'ils soient, d'entrer aucuns bestiaux, viande morte, ni
aucunes autres denrées que ce soient, sujettes aux droits
d'entrée, par des chemins obliques, fausses-portes, poternes
ou autres où il n'y a point de bureau de recette établi
pour la perception desdits droits, telles que celles du
Vieux-Pont, *d'Ardoise* et celle dite *Porte-Royale* de cette
ville. En conséquence, ordonnons que les bouchers et
tous autres iront à l'avenir, à compter du jour de la publication de notre présente ordonnance, faire boire leurs bestiaux à l'abreuvoir de la porte du *Pont-Neuf* ou toutes autres

portes où il y a bureau d'établi, afin que les régisseurs du
sieur Clavel puissent s'assurer, en sortant et rentrant, s'ils
ne rentrent pas plus de bestiaux qu'ils n'en ont sorti. Leur
faisons défenses de les conduire ailleurs pour les faire
boire que par ladite porte où il y a bureau d'établi pour
la perception des droits d'entrée et de les mener à l'avenir à
l'abreuvoir de la ruelle des *Tanneurs*, vis-à-vis la poterne du
Vieux-Pont et leur ordonnons de se conformer en tout à la
déclaration du Roi sus-datée, à peine de confiscation de
leurs bestiaux et autres denrées et 300 livres d'amende.
Faisons aussi défenses aux mariniers, pêcheurs et autres
faisant commerce sur la rivière, de faciliter les introductions
clandestines des bouchers sous les mêmes peines, et sera,
notre présente ordonnance, imprimée, lue, publiée et affichée
partout où besoin sera, et notamment en la ville de Compiègne, afin que personne n'en ignore.

« Fait et jugé par nous, Jean-Baptiste-Simon Poulletier,
avocat en Parlement, conseiller du Roi, Président ; Jean-
Baptiste Soucanye de Noreuil, conseiller du Roi, élu en
l'élection, et Antoine-Jacques-Christophe Delavallée, avocat
en Parlement et bailli de Compiègne, officier appelé pour
l'absence et à défaut d'autres officiers de ce siège. »

Huit ballots de viandes, déposés par des personnes incon-
nues dessus et dessous l'autel de la chapelle du Temple,
avaient été découverts et saisis par les Inspecteurs aux
boucheries qui déclarèrent procès-verbal à Louis Houillé
père, compagnon de l'arche du pont de Compiègne et concierge de la maison dite *le Temple* [1] ou commanderie d'Ivry-
le-Temple en cette ville. Ce dernier comparut à l'audience de
l'Election du lundi 5 février 1781, et son procureur, Claude-
Remy Cordongnon, chercha à disculper son client en déclarant que des personnes dignes de foi avaient dit dans le

---

[1] Proche le Temple se trouvait une maison appelée « la Coquille-
d'Or. »

public connaître les auteurs du délit, sans avoir voulu les nommer.

Le 13 avril 1781, un ancien commis aux aides et ancien colporteur des loteries, fut nommé Inspecteur des boucheries et prêta, en cette qualité, serment devant Jean-Baptiste Soucanye de Noreuil, conseiller du Roi, élu en l'élection de Compiègne, Pierre-Gabriel Doucet, Jacques Bennezon[1], Jean-Louis Fontaine, Simon Bennezon et Nicolas Leroy, tous maîtres bouchers et fermiers des droits d'Inspecteurs aux boucheries. Il s'appelait Jacques-Antoine Fréard et avait épousé Marie-Anne-Marguerite Warmé[2], veuve du sieur Marie-Eloi Brillet, machand de draps.

L'an 1783, le 17 mai, accompagné de son collègue Claude-Adrien Loiseaux, il se présenta chez Pierre Bennezon, boucher, pour faire l'exercice de ses bestiaux. Mais ils furent reçus par des injures et des menaces, ce que voyant, dit le procès-verbal fait par Fréard, nous avons été obligés de nous retirer au bureau des entrées de la porte du Pont, pour dresser notre acte contre Bennezon, vu le danger couru en le rédigeant chez lui. Après l'avoir terminé nous sommes retournés chez lui pour en faire la lecture. Il a récidivé ses injures et s'armant d'un couperet, a fondu sur nous avec furie, dans le dessein de nous en frapper. Heureusement que nous avons pu esquiver le coup levé en faisant quelques pas en arrière. Nous trouvant dans le cas d'être assassinés, et étant dans le cas de défense, puisqu'il y allait de la vie, nous nous sommes jetés, à notre tour, sur ledit Bennezon que nous avons désarmé et qui, plein de rage et ne pouvant user de son arme tranchante, s'est jeté de nouveau sur nous en pro-

---

[1] Le 17 septembre 1743, Jacques Bennezon demande à s'établir boucher. Il dit qu'il a travaillé jusqu'ici chez son frère Jean Bennezon.

[2] Il était notre bisaïeul et sa femme, décédée le 5 novembre 1783, à l'âge de 66 ans, était la tante de Pierre-Claude Warmé, orfèvre, et de Marie-Agnès de Billy, fille de Marc-Antoine-Léon de Billy, marchand orfèvre, et de Marie-Agnès Raux.

férant des injures et des imprécations scandaleuses, jurant
avec une fureur inouïe le saint nom de Dieu, menaçant de
nous tuer à la première rencontre. Pour effectuer ses menaces,
il s'est efforcé de retourner à son étal et d'y prendre, disait-
il, un couteau pour nous éventrer sur le champ. Nous avons
saisi au corps Bennezon, conjointement avec sa femme, pour
l'empêcher d'exécuter son mauvais dessein. Il a profité de
cet instant pour nous saisir aux cheveux, au collet et nous
faire plusieurs morsures dont nos habits, heureusement, ont
garanti notre corps et nos bras. Les clameurs de Bennezon
ayant été entendues dans la rue et le voisinage, ont attiré une
quantité prodigieuse de personnes des deux sexes dont les
uns approuvaient et les autres blâmaient la conduite du boucher. Ce ne fut qu'à l'aide de ces derniers et de la femme de
Bennezon, que nous parvînmes à nous débarrasser de ce
furieux, et prenant le parti de la fuite comme le plus prudent,
nous nous sommes évadés, poursuivis encore par Bennezon,
échevelés, meurtris légèrement, sans pouvoir lui faire aucune
sommation.

Mais, malgré cette scène dramatique, la loi devait finir par
triompher, et quand le lendemain les Inspecteurs aux boucheries se transportèrent de nouveau chez Pierre Bennezon,
mais assistés, cette fois, des sieurs Maine et Viger, officier
et cavalier de maréchaussée à Compiègne, pour leur prêter
main-forte, notre maître boucher eut beau avoir de la peine
à se maîtriser et s'exhaler de rechef en propos injurieux et
menaces, il se résigna néanmoins à faire la déclaration de ses
viandes avec beaucoup de difficulté, après avoir été sommé
par lesdits officier et cavalier d'y obtempérer, conformément
aux ordres de Sa Majesté.

Le 4 novembre 1783, Fréard et son collègue Loiseaux, se
trouvant sur le territoire de Compiègne, paroisse Saint-
Antoine, trouvèrent un troupeau, composé de dix-neuf moutons, sans berger. Après s'être cachés derrière une haie pour
mieux observer, ils virent venir le berger de Louis Lecas,

boucher à Compiègne, portant sur ses épaules un mouton vif, lié par les pattes, qu'il apportait de Saint-Germain-lez-Compiègne, lieu non sujet, sur Compiègne, lieu sujet. Cet individu, aussitôt qu'il eût aperçu les Inspecteurs, laissa tomber son mouton et s'empressa de prendre la fuite, refusant de dire son nom à ceux-ci qui s'égosillaient à l'appeler. Le mouton apporté en fraude fut confisqué et évalué à la somme modique de neuf livres.

Le 28 novembre suivant, les deux mêmes inspecteurs étant en exercice chez les bouchers de Compiègne, entrèrent chez le sieur Pierre Bennezon. N'ayant trouvé personne dans son magasin, ils passèrent dans l'arrière-boutique et le trouvèrent dans la cour. Nous allions, dit le procès-verbal, lui faire la sommation d'usage de nous mettre en évidence ses bestiaux vifs ou morts, pour les prendre en charge ou en constater le débit, mais ledit Bennezon n'a pas attendu ni donné le temps de faire cette sommation. Il a dit au sieur Loiseaux que nous n'étions pas faits pour entrer chez lui quand nous n'y rencontrions personne, qu'il n'avait aucune déclaration à nous faire et que notre plus court était de nous retirer. Alors, réfléchissant à l'irrégularité de son action, aux suites qu'elle pourrait avoir, il a laissé ses couteaux sur l'étal et est venu nous saisir l'un et l'autre au collet, au milieu de la rue, appelant à témoins les voisins du refus, disait-il, que nous faisions d'exercer chez lui. Nous lui avons refusé formellement d'y entrer, vu l'obscurité, sa fureur et les armes offensives dont il pouvait nous blesser. Il était tellement acharné, qu'il a déchiré la redingote de Fréard. Nous nous sommes échappés comme il a été possible de ses mains en lui déclarant à demi-voix, pour éviter toute esclandre, procès-verbal de rebellion, voies de fait et refus d'exercice.

Les 18 mars et 17 mai derniers, des procès-verbaux avaient déjà été faits contre lui par nous, et des plaintes avaient été portées par Fréard au procureur du Roi du bailliage pour menaces.

Le 13 décembre suivant, Fréard et Loiseaux rencontrèrent sur la plaine du territoire de Compiègne la fille de Pierre Langlois, boucher audit lieu, gardant un troupeau de moutons qu'elle leur a dit appartenir à son père, troupeau composé de trente-huit bêtes, et comme la veille, Pierre Langlois leur avait déclaré ne posséder que vingt-cinq bêtes à laine, il en résultait un excédant de treize moutons dont les droits n'avaient pas été acquittés. Cet excédant fut alors saisi et évalué à la somme de quatre-vingts livres.

Le même jour, ils trouvèrent sur leur chemin les enfants, garçon et fille d'Antoine Fontaine, boucher à Compiègne, gardant un troupeau de moutons composé de trente-cinq bêtes, alors que, dans leur visite, il ne leur avait été déclaré que huit moutons. En conséquence, l'excédant, soit vingt-sept bêtes, fut saisi et estimé à la somme de cent cinquante livres.

La fraude se faisait sur une grande échelle et, malgré la vigilance des Inspecteurs aux boucheries qui étaient littéralement sur les dents, bien des viandes entraient dans la ville sans payer de droits d'entrée.

L'exercice des boucheries restait toujours impopulaire et il fallait un grand dévouement aux fonctionnaires commis à cet effet pour rester à leur poste. Pierre Bennezon, en donnant, à diverses reprises, l'exemple de la résistance, traduisait exactement les sentiments du public à leur égard, mais la note était trop accentuée, trop brutale et par trop grossière. Il n'avait pas encore dit son dernier mot et se réservait de frapper un grand coup.

D'après la teneur d'un procès-verbal rédigé par Fréard et Louis-Nicolas Mouton, ceux-ci, revenant de Saint-Germain-lez-Compiègne, vinrent à passer devant la porte de Pierre Bennezon, maître boucher, demeurant présentement à Saint-Germain, vis-à-vis le calvaire de la Porte-Paris. Ledit boucher se trouvant à sa porte lorsque nous passions, a commencé à dire que moi, Fréard, j'étais un f.... gueux et que

j'étais dans des souliers de jean f....., sottises auxquelles
nous n'avons rien répondu. Enragé du mépris que nous
faisions de sa personne et de ses sottises par notre silence, il
est accouru après nous comme un furieux, et nous a rattrappé
sous la Porte-Paris, où étant, il a commencé par se jeter
sur moi Fréard, me saisissant à la gorge avec les deux mains,
me la serrant dans le dessein de m'étrangler, ce qu'il aurait
fait sans le secours de mon confrère. Il a toujours continué ses
violences en vomissant les injures et invectives les plus
atroces, disant que moi Fréard, j'étais un f.... gueux, un
coquin, un faiseur de faux procès-verbaux. Représenté audit
Bennezon qu'il nous troublait dans nos fonctions, a répondu
qu'il se f..... de notre exercice et qu'il c..... sur nous, que
de plus il entrerait de la viande dans la ville malgré nous,
sans payer aucun droit, et que si nous nous mettions en
devoir de l'arrêter, il nous casserait la gueule avec un gigot
de mouton ou autre chose qu'il aurait à la main.

Il nous a suivi jusqu'à la porte de M. Debrie, chaufournier,
demeurant rue de la Porte-Paris, toujours en nous invec-
tivant, me tirant, moi Fréard, par ma bourse à cheveux, par
ma redingote, me poussant dans la neige qui se trouvait,
pour lors, amassée dans le milieu du ruisseau. Heureusement pour nous qu'il s'est trouvé du monde qui accourait au
bruit qu'il faisait, ce qui l'a maintenu et empêché de se porter à de plus grandes extrémités. Nous lui avons déclaré
procès-verbal, que nous allions nous retirer chez moi
Fréard, au Pont-Neuf, quai du Harlay, où je demeurais,
attendu que tous les bureaux étaient fermés.

Ce fut le dernier exploit de Pierre Bennezon qu'une forte
amende ou peut-être la prison parvinrent à calmer. Nous
n'avons pas trouvé trace de condamnations le concernant,
mais si nous nous en rapportons à la sévérité des jugements
de l'Élection pour la répression de ce genre de fraude, il
dût être puni d'une façon exemplaire.

Le lundi 10 septembre 1787 [1], Marc Hénon, Nicolas Leroy
père et fils, Simon Bennezon et sa femme, tous marchands
bouchers, furent appelés devant le Tribunal pour non déclaration de bestiaux sujets aux droits d'entrée. Les juges
prononcèrent la confiscation des cent trente-neuf bêtes à
laine, soit brebis ou moutons saisis sur les contrevenants
qui furent condamnés à l'amende de 300 livres chacun et aux
dépens liquidés à 16 livres 7 sols 1 denier.

Louis Fontaine, marchand boucher, et sa femme, demeurant rue des Trois-Barbeaux, avaient été, le 27 août 1788,
l'objet d'un procès-verbal de la part des Inspecteurs aux
boucheries qui avaient saisi un mouton formant excédant.
Ils comparurent à l'audience du 9 février 1789 où ils furent
condamnés à l'amende de 300 livres ainsi qu'aux dépens
liquidés à 15 livres 3 deniers.

Mais de grands événements s'étaient produits à Paris.
Le peuple s'était soulevé contre l'autorité royale, et la
prise de la Bastille, en même temps que la fin de l'ancien
régime, marquait la première étape vers une ère nouvelle.
La nuit du 4 août, qui vint ensuite porter le dernier coup
aux privilèges ainsi qu'aux abus féodaux, annula les
règlements des Corporations. Les métiers les plus jaloux,
ceux dont l'accès, jusque-là, était difficile, les bouchers
dont les étaux étaient des sortes de fiefs, s'augmentèrent
sans qu'il fut besoin de passer par la maîtrise. En même
temps, la multitude, croyant pouvoir tout abolir, même
les droits d'entrée et ceux d'Inspecteurs aux boucheries,
s'était ruée sur les bureaux des commis, aux portes de la
ville, pour les saccager.

Pour arrêter cette sédition, des mesures énergiques furent
prises par le lieutenant-général de police à l'audience du
3 septembre 1789, de la façon suivante : le Procureur du

---

[1] En 1787, un agneau coûtait 15, 12 et 7 livres, le porc frais de
7 à 9 sols la livre.

Roi est entré et a dit que les nouvelles effrayantes des troubles qui ont agité la capitale, les effets funestes des premiers mouvements de la fureur de quelques personnes mal intentionnées ont répandu dans la ville de Compiègne cet esprit de soulèvement et de révolte qui devrait faire craindre la sédition la plus grave, que les menaces et les cris de la multitude se sont particulièrement élevés contre les employés et commis du régisseur des Aides et les percepteurs des droits d'entrée aux portes de la ville, et les commis ont été obligés de cesser leurs exercices et de s'évader, de sorte que les portes sont restées libres et que les denrées, boissons et marchandises assujetties aux droits de toute espèce, entrent gratuitement et sans obstacle; que ces violences populaires peuvent avoir des suites d'autant plus dangereuses qu'elles ont leur principe dans l'opinion et qu'elles tendent non-seulement à intercepter la perception de subsides que l'Assemblée nationale a provisoirement confirmés, mais encore à troubler l'ordre social et à répandre l'alarme dans le sein des familles qui, même en désirant la suppression des impôts, reconnaissent la nécessité de les servir dans les circonstances actuelles; que tel est l'objet des conclusions qu'il laissait par écrit sur le bureau.

Lui retiré, la matière mise en délibération, nous, en exécution des arrêtés de l'Assemblée nationale des 17, 20, 25 juin et 13 juillet dernier, par lesquels elle a déclaré les impôts et contributions devoir être acquittés de la même manière qu'ils l'ont été précédemment. enjoignons aux employés, commis et tous autres préposés à la perception des droits d'aides, autres y réunis, et tous ceux des entrées et sorties de la ville, de reprendre, dans le jour de la publication de notre présente sentence. leurs fonctions et continuer leurs exercices, sinon et à faute par eux de le faire dans ledit délai, disons qu'il sera par nous commis et établi à tous les bureaux et lieux nécessaires, des percepteurs qui prêteront serment par-devant nous. Faisons défense à toutes personnes de troubler lesdits commis et percepteurs ou préposés directement ou indirectement dans leurs fonctions, ni de les injurier, de leur méfaire, ni médire, à peine d'être poursuivis extraordinairement comme coupables de rébellion et d'être punis suivant toute la rigueur des ordonnances.

Autorisons lesdits commis, préposés ou percepteurs à emprisonner, dans l'instant de la rébellion, sans permission de justice, ceux qui en seront coupables ou complices, lesquels ne pourront être mis en liberté qu'après l'instruction et jugement définitif, conformément à la déclaration du Roi du 27 juin 1716, à l'arrêt du Conseil du 20 mars 1720 et lettres patentes sur icelui du 4 mai 1723. Enjoignons pareillement à tous huissiers, sergents et cavaliers de maréchaussée de prêter main-forte auxdits commis et percepteurs ; ordonnons que la déclaration du Roi du 30 janvier 1714, celle du 27 juin 1716, l'arrêt du Conseil d'État du 20 mars 1720, les lettres patentes sur icelui du 4 mai 1723 et la déclaration du Roi du 2 septembre 1776, seront exécutés suivant leur forme et teneur.

En conséquence, invitons en tant que besoin, enjoignons aux officiers municipaux, maire, échevins, syndics et principaux habitants des villes et lieux où lesdits commis, employés et chargés de la perception et conservation des droits du Roi, font leur résidence, et où ils feront leurs exercices, de leur prêter main-forte et assistance, toutes les fois et aussitôt qu'ils en seront requis par lesdits commis, percepteurs ou préposés, sous telles peines qu'il appartiendra, et sera notre présente sentence imprimée, publiée et affichée tant en cette ville, ses faubourgs et banlieue que dans les paroisses du ressort, et partout où besoin sera.

Nous ne suivrons pas les bouchers pendant la période révolutionnaire ; nous laisserons à *Francklin* le temps de

Compiègne, le 28 Juin 1815

Le Maire de la Ville de Compiègne,
requiert Monsieur Gugot de fournir de suite
chez Monsieur haute avoine au château
de compiègne
16 l. de Bœuf
~~30 côtelettes de veau~~
un gigot
attendu que c'est pour le déjeuné de Monsieur
le prince Blucher qui doit
estre prêt pour huit

Collier
maire

B & SS Kindsfleirf und Laubsfleir

donné
30 l. de viande pour du Prince d Blucher
le Général Blucher

J Z Keissmann

à 10 l. ou fait 15 francs

reprendre son véritable nom pour arriver au premier Empire. Pendant les séjours de la Cour à Compiègne, le boucher de Paris, qui avait la fourniture de la maison impériale et qui d'habitude l'accompagnait dans ses voyages, aurait sans doute pris Leroy-Dubois comme intermédiaire dans un but d'économie et pour faciliter le service. Plus tard, ce dernier ayant donné toute satisfaction au chef de la bouche de l'Empereur, comme qualité de marchandise et comme exactitude, finit par devenir le fournisseur attitré de Sa Majesté. Il fit d'importantes livraisons de viandes, du 5 au 27 avril 1810, lors de la continuation au Château des fêtes du mariage de Napoléon Ier, ainsi que l'année suivante lors du retour de l'Empereur et de l'Impératrice le 30 août 1811.

Puis vinrent les mauvais jours et l'invasion des armées alliées en 1814. Le 4 mars arrivèrent à Compiègne les troupes polonaises de la garnison de Soissons qui avaient tenu pendant trente heures contre Bulow. Guillot, le gendre et successeur de Leroy-Dubois, fut chargé de les approvisionner de viandes, préférence dont il se serait bien passé à cause de la perte qu'il dut subir à cette occasion. En effet, il avait inscrit sur les pièces relatives à cette livraison que le recouvrement en était incertain.

Il se rattrapa avec Louis XVIII dont les repas plantureux firent l'étonnement du public pendant le séjour que ce Roi fit au Château, du 29 avril au 2 mai 1815.

Le 27 juin suivant, il fut réquisitionné par Scellier, maire de la ville, pour fournir 26 livres de bœuf destinées aux repas du général prussien Kilman qui venait d'entrer dans Compiègne.

Le lendemain, Blücher et son état-major logèrent au château et Guillot fournit trente livres de viande pour le déjeuner de ces officiers.

Du 29 juin au 3 septembre suivant, il fit des livraisons journalières pour la table des généraux, commandant de

place et officiers de l'état-major des armées alliées, séant
au Château. Le montant de ces fournitures s'éleva à
7,540 livres de viande qui, à cinquante centimes la livre,
firent une somme de 3,770 francs.

Du 29 juin au 9 septembre 1815, il fournit encore
2,995 livres de viande pour la table de Monsieur le
Commandant de place, également logé au Château.

Le 1er juillet, Guillot fut de nouveau réquisitionné pour
conduire des officiers alliés à Paris, mais il en fut pour
son cheval et sa voiture qui ne revinrent pas à Compiègne.

Le 22 août, par ordre de la municipalité, il fournit, pour
la table du Château, cinquante livres de mouton et un
demi-veau de trente-six livres [1] qui furent accommodés par
M. Gaspard, cuisinier-pâtissier.

Au moment de l'évacuation du territoire, le général
Blücher fit encore un séjour de près d'un mois au Château,
où il s'installa pour surveiller le passage des troupes qui
regagnaient la frontière. Son quartier-général logeait avec
lui, il était composé de cent cinquante officiers. La table
coûtait à la ville sept à huit cents francs par jour. Arrivé
le 12 octobre, il ne partit que le 5 novembre [2]. Le lendemain, Guillot, qui avait approvisionné de viandes tout ce
personnel, fut réquisitionné par la ville pour conduire des
officiers prussiens rentrant dans leur pays. Le cheval et la
voiture allèrent jusqu'à Saint-Quentin et réintégrèrent, cette
fois, l'écurie de la rue de l'Etoile.

Le 1er août 1816, il fit, pour le compte de la ville, une
fourniture de 236 livres de viande [3], à MM. Monavon,
Gaspard et Benoit, pâtissiers, très probablement encore
pour servir au Château un grand repas à des généraux
alliés.

[1] Soit 141 livres à 0 fr. 60 centimes la livres font 84 francs 60.

[2] *Compiègne,* par Lefebvre Saint-Ogan, p. 126.

[3] A 0 fr. 60 c. la livre. 141 fr. 60.

Mauprivez-Médard continua les livraisons pendant le règne de Charles X, lorsqu'au mois de juin 1825, ce Roi passa huit jours à Compiègne, revenant de se faire sacrer à Reims, et toutes les fois qu'il fit un séjour dans notre ville. Il fut aussi le fournisseur de Louis-Philippe dont le chef de la bouche lui fit d'importantes commandes au mois d'août 1832, lors des fêtes du mariage du roi des Belges avec la fille du roi de France.

Emile Mauprivez, successeur de son frère, et Pigeaux ensuite, conservèrent le monopole de la fourniture des viandes du Château, destinées à la table de Napoléon III, où les fameux gigots de pré salé étaient particulièrement appréciés. Le montant des livraisons journalières s'élevait à cinq ou six cents francs.

Pendant la dernière guerre de 1870, le Château n'a pas été alimenté par la maison Pigeaux, les Prussiens se nourrissant eux-mêmes, c'est donc le contraire de ce qui s'est passé en 1815.

Aujourd'hui, les bouchers, qui sont au nombre de vingt-trois, voient leur commerce prospérer ; ils ont un abattoir où ils sont tenus de conduire leurs bestiaux, qui sont l'objet d'un examen spécial par un vétérinaire désigné à cet effet. L'adjudication des viandes de Carême n'a pas subsisté ; il n'en est pas de même de la taxe officielle qui est toujours en vigueur et toujours appliquée avec la même sévérité. Il ne reste plus, comme un souvenir de l'ancien régime, qu'un étrange bâtiment rappelant, par ses dispositions intérieures, les étaux de l'ancienne *Boucherie*. Cette construction, précédée d'une façade monumentale qui fut édifiée en 1783, est située place du Change et s'appelle la Halle à la Viande [1]. C'était, à cette époque, le nouveau grenier à sel, l'ancien ayant été près du théâtre actuel, dans la rue Vivenel. Lorsque le monopole de la vente du sel fut

---

[1] La Halle à la Viande rapporte à la Ville 575 fr. par an.

aboli, l'État mit en vente ce bâtiment devenu inutile et un sieur Rivière, entrepreneur de maçonnerie, s'en rendit acquéreur. Au lieu d'en faire des magasins, il tira parti de ces constructions en y installant des étaux qu'il loua aux bouchers et charcutiers forains. Plus tard, la Ville acheta cette Halle à la Viande et elle en tire encore aujourd'hui un bon revenu. Les places louées varient entre 25 et 50 fr. Tous les samedis il s'y fait un grand commerce qui procure l'abondance dans la ville et assure aux habitants un approvisionnement de viandes de boucherie et de charcuterie à dix centimes au-dessous de la taxe officielle.

Aujourd'hui, les établissements de nos bouchers, aménagés avec élégance et même avec luxe, ne le cèdent en rien à ceux de Paris. La perspective de leurs devantures est très pittoresque et leur décoration dénote un certain goût artistique. Leur étalage est un chef-d'œuvre d'habileté. Les quartiers de bœuf ou de veau, savamment découpés, enjolivés d'arabesques plus ou moins fantaisistes, et surmontés de fleurs artificielles, les gigots de moutons entourés de papier blanc dentelé, tout enchante les regards, tout est plein de séductions et de promesses, en même temps que ces viandes vous pénètrent agréablement de leurs saines senteurs et vous laissent une impression de fraîcheur et de bien-être.

Les charcutiers, avec leurs installations luxueuses, méritent une mention spéciale et sont, eux aussi, à la hauteur de leurs confrères de Paris. Derrière de superbes glaces sans tain sont groupés avec méthode les appétissants produits du compagnon de Saint-Antoine, chanté avec tant d'amour par Monselet, qui l'appelait *son ange*. Comment ne pas être tenté à la vue de ces saucissons de Lyon, ces jambons de Mayence, ces saucisses de Francfort, ces andouilles de Bretagne si chères à Pantagruel ! Que de choses exquises dans ces pieds farcis que parfume le fruit du Périgord, dans ces hures aux pistaches, dans ces rouges

langues de bœuf fumé et dans ces pâtés de foies gras en
terrine ou en croûte ! Car les charcutiers ont maintenant
la spécialité des pâtés de toute espèce, de volailles, de
venaison et font, surtout avec le lièvre, une délicieuse
préparation qui avait autrefois rendu nos pâtissiers célèbres.

Dans cette étude sur la boucherie et la charcuterie, nous
avons dû nous borner à de simples indications, à des
considérations générales ; toutefois nous croyons, en ce qui
concerne ces deux importantes branches de l'alimentation,
avoir suffisamment établi que, sous le rapport de leur
approvisionnement comme au point de vue de l'aména-
gement et de l'élégance de leur étaux, la Ville de Compiègne
pouvait s'enorgueillir d'avoir toujours suivi la voie du
progrès et de n'avoir rien à envier aux autres villes de
France, pas plus qu'à la capitale.

PIÈCES JUSTIFICATIVES

Adjudication d'un Étal de Boucherie.
14 Mai 1690.

Tous ceux qu'y ces présentes lettres verront, François
Esmangart, sieur de Beauval, garde des sceaux royaux du
bailliage de Senlis estably de par le Roy nostre sire, ès
prévostés et chastellenies de Compiègne et de Choisy,
salut, sçavoir faisons que par devant Henry de Billy et
Claude Picart, nottaires garde nottes et tabellions royaux
héréditaires esdites prévostés et chastellenies, furent présents Joseph-Philippe Méthelet, praticien à Compiègne et
Marguerite Blandin, sa femme, auparavant veuve de Jérosme
Carbon, ladite Blandin suffisamment authorisée quant à ce
dudit Méthelet, son mary, tant en leurs noms, comme
estant ladite Blandin douairière dudit deffunct Jérosme
Carbon, que comme tuteurs des enffants mineurs dudit
deffunct et de ladite Blandin, François Carbon, marchand
audict Compiègne en son nom comme fils et héritier dudit
Jérosme Carbon, et Pierre Lesguillier aussi marchand, à
cause de Magdelaine Carbon, sa femme, aussy fille et héri-
tière dudit deffunct Jérosme Carbon, lesquels esdicts noms
ont reconnu et confessé avoir vendu, ceddé, quitté et del-
laissé comme ils font par ces présentes et promettent esdits

Document communiqué par M. Eugène Mauprivez.

noms chacun en leur esgard, faire jouir et garantir envers
et contre tous exempt de tous troubles, hypothèques et
autres empeschements gnâllement quelconques à Pierre
Poitre, marchand, maistre boucher à Compiègne, y demeurant, présent et acceptant, acquéreur pour luy, ses hoirs et
ayans causes, la moytié d'un estault de boucherie qu'y est
le premier estault donnant sur le change du costé de maistre
François Charmolue, ladite la moitié d'estault susvendue
appartenant et venant de la succession dudit feu Jérosme
Carbon, l'autre moytié dudit estault appartenant audit
Pierre Poictre ainsy qu'il a déclaré, à cause de l'acquisition
qu'il dit en avoir faite depuis trois à quatre ans ou environ,
de maistre Jean Coustant, bourgeois de Compiègne, sans
que ladite déclaration faite par ledit Poictre, de ladite acquisition faite dudit Coustant, puisse faire aucun préjudice
auxdits Méthellet, Carbon et Lesguillier esdits noms et
sauf à eux à se pourvoir contre ledit maistre Jean Coustant, ledit Poictre et autres qu'il appartiendra, attendu
qu'ils prétendent que le total dudit estault leur appartient
et appartenoit à la succession dudit feu Jérosme Carbon,
pourquoy ils protestent sur ladite déclaration faite par ledit
Poictre de se pourvoir entre ledit maistre Jean Coustant,
ledit Poictre et autres qu'il appartiendra. A l'effet de quoy
ils se réservent tous leurs droits, causes, noms, raisons,
actions et prétentions quelconques, deffences et moyens au
contraire dudit Poictre quy proteste de se maintenir en la
propriété de ladite acquisition par luy faite dudit sieur Coustant, pour par ledit Poictre, jouir, faire et disposer dès maintenant et à toujours en tous droits et proprietté de ladite
moytié à luy présentement vendue et ceddée, au total dudit
estault, ainsy qu'il s'estend et comporte et ainsy qu'il en a
jouist depuis vingt ans et plus, dont il s'en tient content,
à la charge de payer les cens, charges et reddevances sei-
gneurialles et foncières sy aucunes se trouvent deues à qu'il
appartiendra, du moins à portion de ladite moitié dudit

estault que lesdits vendeurs n'ont pu déclarer autrement
qu'ils croient estre de six sols parisis pour la moytié, faisant
moytié de douze sols parisis de cens vers la ville de
Compiègne, quitte d'arrérages du passé, ceddant et trans-
portant par lesdits comparents vendeurs audit Poictre tous
leurs droits, causes, noms, raisons, fond, saisine et proprietté quelconques, se dessaisissant à son profit dudit
estault, consentants saisine, condamnation en justice et tous
autres actes baillés audit Poictre par tous seigneurs et juges
qu'il appartiendra.

Constituant leur procureur, les porteurs des présentes
auquel ils donnent tout pouvoir de le faire requérir et
consentir. Cette vente faite ausdites charges et outre moyennant la somme de treize livres de rente que ledit Poictre
promet, s'oblige de bailler, payer, fournir et faire bon et
valloir chacun an au premier jour d'avril à prendre par
spécial sur ledit estault et générallement sur les autres biens
et héritages présents et anciens dudit Poictre qu'il en a pour
ce affecté et hypotecqué, une pièce répondant pour l'autre
et une seulle pour le tout sans division ni discution et sans
que les obligations générailles et spécialles desrogent l'une
à l'autre, mais qu'ensemblement elles opèrent un mesme
effect, la première année de payement escherra audit jour,
premier avril de l'année prochaine et ainsy continuer jusqu'au remboursement à raison du denier vingt, sauf à
compter des arrérages de loyer de ladite moitié d'estault
eschue et à eschoir au premier jour du mois d'avril
prochain.

Fournira ledit Poitre une grosse des présentes à ses frais
et dépens ausdits vendeurs ou rendra le desboursé à celluy
qu'y en fera l'avance. Sy comme les parties ont dit estre
vray, promettant tenir et entretenir tout ce que dessus,
obligeans biens et héritages présents et à venir, renonçants
à toutes choses à ce contraires. Ce fut fait et passé audit
Compiègne par devant lesdits nottaires gardenottes et tabel-

lions royaux soubzsignés le quatorzième jour du mois de
mars, mil six cent quatre-vingt-dix et ont signiz au minut
des présentes demeuré en la garde et possession dudit
Picart, l'un desdits nottaires, gardenottes et tabellion soubz-
signé qui a averty les partyes du sort et controlle suivant
les édits et reiglements de sa Majesté.

Signé: DE BILLY.   Signé: PICART.

Nous, Théophile Rossel, con^{er} et aumosnier du Roy,
prieur du prioré de Saint-Louis, de Royallieu, transféré
à Saint-Jean-aux-Bois, seig^r du fief de la *Bourse du Roy*,
avons saisi, vestu, mis et receu en bonne possession et
saisine Pierre Poetre, marchand, m^e boucher, demeurant
à Compiègne, de la moitié de l'estal de boucherye par luy
acquise par le contrat cy-dessus, rellevant de nous à cause
dudit fief de la *Bourse du Roy*, et chargé envers nous de
quinze deniers de cens pour le total dudit estal, sans que
l'énonciation portée audit contrat du prétendu cens deub
à la Ville, puisse faire aucun préjudice au droit de seigneurie
que nous avons seul sur ledit estal et dans toute l'estendue
de la boucherye. Après que ledit Poitre nous a payé les
deux tiers des droits seigneuriaux à nous deus, et le surplus
à lui remis, à cause de ladite acquisition; le tout sauf nos
autres droits et l'autruy.

Fait en présence de Pierre Fouache, huissier, et Claude
de Vendosme, m^e tailleur d'habits, demeurant à Compiègne. Ce quatriesme novembre mil six cent quatre-
vingt-dix.

Adjudication d'un Étal de Boucherie provenant d'Augustin Boullé aux héritiers de Pierre Léguiller et Madeleine Cochon, sa femme. 10 Juin 1718.

SAISINE

Nous, Françoise Paris de Soulange, abbesse de Royallieu, avons donné nouvelle saisine au sieur et dame Leroux, dénommés en la présente sentence et aux héritiers des sieurs et dame Paterre aussi y dénommés pour l'étal à boucherie y déclaré, tenu à quinze deniers de cens de notre fief de la *Bourse du Roy*, n'onobstant la saisine mal à propos prise de la ville de Compiègne ci-devant, laquelle demeure nulle et ne pourra nuire ni préjudicier à nos droits de seigneurie sur ledit étal, pourquoi nous l'avons barré. Le tout à la charge de quinze deniers de cens et après que messieurs de ville nous ont rendu les vingt-quatre livres qu'ils avaient reçues pour leur dite saisine suivant qu'il est porté en la transaction passée entre eux et nous devant Penon, notaire à Compiègne, le 18 avril dernier, dont nous nous sommes contentées pour cette fois seulement, sans tirer à conséquence pour l'avenir. Et sauf en tous nos autres droits et ceux d'autrui.

Fait en présence de Louis Lepère, cordonnier, et Vincent Becquet, laboureur, tous deux demeurant en ce lieu de Royallieu, le 10 juin 1757.

Signé : Sœur Françoise PARIS DE SOULANGE, abbesse de Royallieu.

Document communiqué par M. Eugène Mauprivez.

Lettres de Maitrise de Boucher. 25 Mai 1762.

A tous ceux qui ces présentes lettres verront, salut.
Sçavoir faisons que le vingt-cinq mai mil sept cent soixante-
deux, par devant nous, Louis-Marie Lévesque, écuyer, seigneur de Bérogne et autres lieux, conseiller du Roy, Président en l'Élection, lieutenant général de police de la ville,
faubourgs et banlieue de Compiègne, est comparu Nicolas
Le Roy, compagnon boucher, chaircutier, demeurant à
Compiègne, lequel nous a requis vouloir le recevoir maître
boucher chaircutier audit Compiègne, remontrant pour y
parvenir, être capable et suffisant pour être reçu maître dudit
art et mestier, offrant de le faire justifier par Jacques Langlois, l'ainé, et Antoine-Paul Lecas, maîtres et gardes de
la communauté des bouchers, chaircutiers de cette ville,
lesquels cy présents ont certifié que ledit Nicolas Le Roy
est capable et suffisant pour être reçu maître boucher, chaircutier audit Compiègne, pourquoi le Procureur du Roy a
requis qu'avant de procéder à ladite réception, ledit Nicolas
soit visité par un chirurgien pour connaître s'il est sain de
corps. Est aussi comparu Louis-Florent-Hyacinthe Richard,
maître en chirurgie, demeurant audit Compiègne, pour ce
par nous mandé et requis. S'étant retiré à l'écart avec ledit
Nicolas Le Roy, et étant revenu par devant nous, nous a
rapporté avoir visité ledit Nicolas Le Roy, par toutes les
parties de son corps et qu'il se trouve sain.

Nous avons du consentement du Procureur du Roy reçu
et recevons ledit Nicolas Le Roy, maître boucher, chaircutier audit Compiègne pour y tenir boutique ouverte et y
exercer ledit art et mestier, à la charge par lui de se bien et
fidèlement comporter en sa dite maîtrise et d'observer les

Document communiqué par M. Eugène Mauprivez.

statuts de ladite communauté et les règlements de police, ce qu'il a promis faire après serment par lui prêté au cas requis et accoutumé. Et ont signé avec nous et le Procureur du Roy, sauf ledit Nicolas Le Roy, qui a déclaré ne savoir rien écrire ni signer, de ce interpellé suivant l'ordonnance comme il est dit à la minute, expédiée et délivrée par moi Greffier de ladite police soussigné.

Signé : BOURGUIGNON.

Abonnement de la Taille de la Ville de Compiègne.

Lundi 2 octobre 1769. — Par arrêt du Conseil d'État du Roi, du 28 juin 1768, et par des lettres patentes de la ville de Compiègne, le principal de la taille de la ville par forme d'abonnement, est fixé à la somme de huit mille livres pendant l'espace de neuf années, et cette somme sera perçue sur les entrées des boissons et viandes destinées pour la consommation.

Voici à ce sujet l'extrait des registres du Conseil d'État : sur la requête présentée au Roi en son Conseil par les maire et échevins et habitants de la ville, faubourgs et Petit-Margny de Compiègne, contenant que sa Majesté par arrêt de son Conseil du 21 juin 1729, a bien voulu abonner pendant neuf années la taille de la ville de Compiègne, les faubourgs et Petit-Margny à une somme de huit mille livres, et pour en faciliter le paiement, ordonnons que l'octroi qui se levait en vertu de l'arrêt du Conseil, du 12 novembre 1726

8

continuerait d'être perçu pendant le même temps de neuf
années ; que ledit arrêt du 21 juin 1729 a été prorogé depuis
par eux par arrêt des 24 mars 1739 et 25 février 1749, exécution du dernier desquels doit expirer au premier octobre
prochain ; que cette circonstance a engagé lesdits maire et
échevins et habitants à recourir de nouveau à la bonté de
sa Majesté pour la supplier de leur accorder la continuation
desdits abonnements et octroi ; mais que s'étant occupés
des moyens les plus propres à lever ladite somme de huit
mille livres aux entrées de la ville, ils n'en ont point trouvé
de plus convenable que de percevoir sur les viandes et boissons destinées à la consommation des habitants les droits
ci après, savoir : sur chaque muid de vin, jauge de Paris,
entrant dans la ville de Compiègne, faubourgs d'icelle et
Petit-Margny, pour y être consommé, une livre dix sols ;
sur chaque muid de bière ou cidre, quinze sols ; sur chaque
muid de poiré, sept sols six deniers ; sur chaque velte
d'eau-de-vie, neuf sols ; sur chaque muid de vin étranger,
six livres ; et sera réputé vin étranger celui qui sera récolté
hors du territoire de Compiègne et à dix lieues aux environs ;
sur chaque bœuf destiné à la boucherie, une livre dix sols ;
sur chaque vache, une livre ; sur chaque veau, génisse ou
porc, huit sols quatre deniers, et sur chaque mouton, brebis
ou chèvre, quatre sols ; lesquels droits seront payés par
toutes sortes de personnes, à l'exception seulement des ecclésiastiques, communautés religieuses, nobles et privilégiés
qui par leur état sont exempts de la taille, et mettre compte
chaque année dans une Assemblée des notables de ladite
ville, et le compte rapporté au sieur Commissaire départi,
pour être par lui visé et approuvé, suppliant en outre sa
Majesté de faire régler toutes les contestations qui pour-
raient survenir pour raison de la régie, recette et perception.

    Ordonne sa Majesté que les droits seront adjugés au plus
offrant et dernier enchérisseur pour neuf années par devant
Berthier de Sauvigny, Intendant et Commissaire départi en

la généralité de Paris que sa Majesté a commis et commet
à cet effet, et ce aux prix et charges et conditions qu'il avi-
sera bon être, et s'il survient des contestations à l'occasion
de la perception desdits droits, ordonne sa Majesté qu'elles
seront portées devant les officiers de l'Élection de Compiègne et par appel en la Cour des Aides.

Fait au Conseil d'État du Roi à Marly, le 28 juin 1768.
Lettres patentes sur arrêt pour la ville, faubourgs et Petit-
Margny de Compiègne, du 25 juillet 1768 et de notre règne
le cinquante-troisième.

Signé : Louis, et plus bas : Phélippeaux.

Données à Versailles, scellées du grand sceau de cire
jaune, portant prorogation pour neuf années à commencer
du 1er octobre 1768.

Commission d'Inspecteur aux Boucheries.

*Extrait du registre des prestations de serments de Commis
aux Exercices de Boucheries, ainsi qu'il ensuit :*

Aujourd'huy, treize avril mil sept cent quatre-vingt-un,
onze heures du matin, est comparu par devant nous Jean-
Baptiste Soucanye de Noreüil, Conseiller du Roy, élu en
l'Élection de Compiègne, les sieurs Marc Gorju, Pierre-
Gabriel Doucet, Jacques Bennezon, Jean-Louis Fontaine,
Simon Bennezon et Nicolas Leroy, tous maitres bouchers,
demeurants audit Compiègne, lesquels nous ont requis de
recevoir pour leur Inspecteur aux exercices des boucheries
de ladite ville, le sieur Jacques-Antoine Fréard, bourgeois
et ancien commis aux exercices des Aides, demeurant audit
Compiègne, aux offres qu'il fait de prêter serment au cas
requis et accoutumé, déclarant qu'il a l'âge requis par les
ordonnances et qu'il fait proffession de la Religion catho-
lique, apostolique et romaine.

Sur quoy, nous avons dudit sieur Fréard, pris et reçu le
serment au cas requis et accoutumé et y celui fait a promis
de se bien et fidellement comporter dans les fonctions de
ladite Commission d'Inspecteur aux dites boucheries, d'observer les édits, et déclarations, arrests et règlements de la
Cour dans le fait d'ycelle et de tenir bons et fidèles
registres.

En conséquence l'avons admis à faire les fonctions de
ladite Commission d'Inspecteur aux dites boucheries de
ladite ville dudit Compiègne, pour par lui jouir des Droits,

Marginal notes:

Enregistrement, vingt sols.

Aux officiers, cinq livres.
Au Receveur des Epi-ces, vingt-un sols.

Parchemin, papier de la minute et de la Re-quête, vingt-huit sols, six deniers.

Pour ces présentes, trente sols.
8 p.¹ des Emolumens, douze sous.

17. 6
12.
————
1. 9. 6.

Scellé le 18 avril 1781.
Reçu dix-sept sous, six d.

Privilèges et Exemptions y attribués, conformément à l'ordonnance, et a signé avec nous sur le registre.

Délivré et expédié ces présentes par moy soussigné, commis Greffier de l'Élection de Compiègne audit Fréard ce requérant.

Liste des Bouchers et Charcutiers de Compiègne.

En 1845.

BOUCHERS	CHARCUTIERS
Barbier	Bibaut
Bennezon	Blavet
Bochand	Bultel
Bulot	Caron
Déhu	Carré
Fillion	Couturier
Fontaine	Charpentier
Fricoté	Damville
Langlois	Devillers
Mauprivez	Dubois
Prévost.	Nampont
	Poidevin.

En 1896

Balonchard	Billa
Brosner	Carlier
Caplin	Desseaux
Derville	Gérard
Flamand	Laville
Forest	Lefèvre
Legris	Leulau
Veuve Noblet	Miraux
Olive	Nollet
Pigeaux	Philippe
Retou	Pillot
Roussin.	Ponthieu

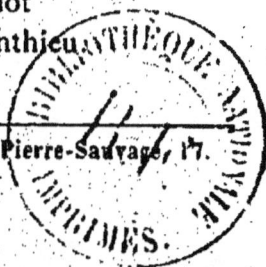

Compiègne. — Imprimerie A. MENNECIER, rue Pierre-Sauvage, 17.

TABLE DES MATIÈRES

LES PATISSIERS DE COMPIÈGNE

LES BOUCHERS DE COMPIÈGNE

COMPIÈGNE

IMPRIMERIE A. MENNECIER

17, RUE PIERRE-SAUVAGE, 17

www.ingramcontent.com/pod-product-compliance
Lightning Source LLC
Chambersburg PA
CBHW051721090426
42738CB00010B/2022